99 × BIELEFELD wie Sie es noch nicht kennen

Andreas Beune
Steffi Behrmann

BRUCKMANN

Inhalt

Im Westen der Stadt

Im Osten der Stadt

Im Süden der Stadt

Im Norden der Stadt

Im Umland

Vorwort

Bielefeld ist. Ja, was ist Bielefeld eigentlich? Eine lebenswerte Großstadt im Grünen? Ein Wissenschaftsstandort mit bunter Kulturszene? Eine Baustellenansammlung mit Bundesligaanbindung? Das Epizentrum des Lokalmasochismus und Puddingpulvers? Von allem hat Bielefeld etwas. Gerade das macht den Reiz der Stadt aus. Wer Augen und Ohren offen hält, kann im Zentrum, in den Stadtteilen und der näheren Umgebung jenseits der üblichen Besuchermagnete einiges entdecken. Doch auch das vermeintlich Bekannte lässt sich mitunter auf neue Art erkunden. Denn an Geschichte(n) mangelt es Bielefeld wirklich nicht. Hier gibt es vergrabene Kamele, begehbare Gefängnisse, eine Kunstgaleriemodewerkstatt und einen besteinten Aussichtspunkt, der in seinem früheren Leben einmal eine Bodendeponie war.

»99x Bielefeld wie Sie es noch nicht kennen« bietet Tipps für Familienausflüge und Shopping-Touren, für Wanderungen und das Auskundschaften von vielfältigen Kulturorten. 99 Argumente für jene, die immer noch an der Existenz der Stadt zweifeln. Und zahlreiche Anregungen für persönliche Definitionen, was Bielefeld nun eigentlich ist. Harry Rowohlt, Schriftsteller, Übersetzer und Schauspieler, hatte für sich eine Erklärung gefunden: »Das um den Bunker Ulmenwall herum: das ist Bielefeld«, hat er einmal über den ebenso einzigartigen wie unterirdischen Veranstaltungsort geschrieben.

Viel Spaß bei der Lektüre wünscht
Andreas Beune

01 Im Bierhimmel

Bielefelds Brauereigeschichte ist überschaubar. Dafür beherbergt die Stadt ein Fachgeschäft, das sich mit viel Herzblut einer Idee verschrieben hat: ausgesuchte internationale und regionale Bierspezialitäten jenseits des Pils-Mainstreams zu verkaufen.

Wer einmal in Belgien war, wird nicht mehr behaupten können, dass die Deutschen besonders große Bierliebhaber sind. In den Lokalen und Gaststätten Walloniens und Flanderns lassen sich unzählige Biersorten und -gläser in allen Größen und Formen bewundern. »10 Prozent Alkohol, trockenes Mundgefühl, bitterer Abgang«: Was nach Wein klingt, ist ein typischer Etikettenhinweis, der auf belgischen Bierflaschen zu finden ist. Zucker und Mais, Honig und Reis, Kräuter und Obst – alles darf ins Bier.

Früher schüttelte man hierzulande über so viel Beliebigkeit noch den Kopf, das Reinheitsgebot lobpreisend. Doch einige Bier-Mix-Getränk-Generationen später haben auch hiesige Biertrinker erkannt, dass es jenseits der Pilsgrenzen interessante Sorten gibt, die geschmacklich spannender sind als das bloße Vermischen von Bier und zuckersüßen Limonaden.

Internationale Bierspezialitäten aus Belgien, Dänemark, England oder den USA sind ein Standbein des Bielefelder »Biersalons«, das andere sind regionale Durstlöscher. Denn auch in Ostwestfalen-Lippe haben sich im Zuge des Craft-Bier-Hypes einige kleinere Brauereiprojekte entwickelt, die zwischen Minden und Warburg für mehr Abwechslung beim Biergenuss sorgen.

»Biersalon«-Inhaber Frank Loddemann erläutert Kunden in seinem charmanten Geschäft die Besonderheiten seines Sortiments, zu dem auch gewöhnungsbedürftige Getränke wie ein nach flüssigem Schinken schmeckendes Rauchbier gehören können. Er bietet auch kurzweilige Verkostungs- und Brauabende an – und ein »Bier-Abo«. Innerhalb Bielefelds liefert der »Biersalon« den Abonnenten ständig wechselnde Bierspezialitäten monatlich frei Haus. Und zwar CO_2-neutral, denn für die Auslieferung schwingt sich der Inhaber auf sein mit Anhänger ausgerüstetes Fahrrad.

Biersalon · Di–Fr 13–19 Uhr, Sa 9–17 Uhr · Rohrteichstraße 42 · 33602 Bielefeld
Tel. 0177/521 03 09 · www.bielefelder-biersalon.de

Bierspezialitäten von nah und fern gibt es im Biersalon.

02

Wie eingefroren

Versteckt in einem Hinterhof erzählt das Museum Wäschefabrik die Geschichte eines kleinen Betriebs. Es führt auf unkonventionelle Art und Weise ins vergangene Jahrhundert: Denn die Produktions- und Arbeitsstätte des einstigen Wäschereibetriebs ist mit Inventar fast unverändert erhalten.

Die massiven schwarzen Nähmaschinen im Nähsaal scheinen gleich loszurattern. Stoffe lagern in Regalen. Im Musterraum liegt ein aufgeschlagener Katalog mit Babydoll-Modellen. Der Essenswärmer im Pausenraum wartet auf Düppen – Essensträger, auch als »Henkelmänner« bekannt.

Was wie eine historische Filmkulisse wirkt, ist ein authentisches Zeitzeugnis. Sämtliche Maschinen und Gegenstände stehen noch an derselben Stelle, an der sie 1980 von den letzten Näherinnen verlassen wurden. Hautnah lässt sich so nachvollziehen, unter welchen Bedingungen Frauen Bett-, Leib- und Tischwäsche, Blusen und Hemden ab den Zwanzigerjahren genäht haben. Von der Produktion über die Verwaltung bis zum Vertrieb kann man sich einen Eindruck von den verschiedenen Arbeitsprozessen verschaffen. Der Nähsaal mit seinen Kraftarbeitstischen und mehr als 50 Näh- und Stickmaschinen gilt als einmalig in Deutschland.

Ungewöhnlich ist auch die Geschichte des Museums. Ein Bielefelder Fotograf entdeckte 1986 auf der Suche nach Motiven das Gebäude. Ein Jahr darauf wurde die Fabrik unter Denkmalschutz gestellt. Ein Förderverein erwarb 1993 schließlich die Wäschefabrik und gestaltete sie zum Museum um.

Die Firma geht auf den jüdischen Kaufmann Hugo Juhl zurück, der Tisch- und Bettwäsche, Damenblusen und Herrenhemden produzieren ließ. 1938 zwangen die nationalsozialistischen Machthaber Juhl zum Verkauf der Fabrik. Die neuen Eigentümer produzierten noch bis 1980, danach blieben die Räume etliche Jahre lang ungenutzt.

Zum Museumsprogramm gehören wechselnde Sonderausstellungen, Stick- und Nähvorführungen, Konzerte, Lesungen sowie Workshops für Kinder.

Museum Wäschefabrik · Viktoriastraße 48a · 33602 Bielefeld · Tel. 0521/604 64
www.museum-waeschefabrik.de · Haltestelle VHS & Ravensberger Park,
Buslinie 21, 22, 29, 350, 351, 369

Früher Produktions- und Arbeitsstätte der Bielefelder Wäscheindustrie – heute Museum
Authentisches Zeitzeugnis: der Nähsaal

Das Kulturzentrum des Klinikums Bielefeld: capella hospitalis

03

Besinnung und Inspiration

Etwas verloren steht sie da, neben dem Parkhaus und dem vielstöckigen Klinikum Mitte. Doch sie sollte keinesfalls übersehen werden. In der capella hospitalis finden nicht nur Patienten Ruhe und Besinnung. Die Kapelle hat sich auch als kleines und feines Zentrum für Kulturveranstaltungen einen Namen gemacht.

Die Kapelle am Klinikeingang steht Patienten, Klinikummitarbeitern und allen Bielefeldern offen, die eine Auszeit suchen. Extra für Patienten und Angehörige gibt es einen Aktionskreis mit geschulten Mitarbeitern, die für Gespräche über sensible Themen zur Verfügung stehen. Aber die Kapelle wird auch ganz anders genutzt: für öffentliche Konzerte, Lesungen und Ausstellungen, darüber hinaus auch für Vortragsabende, Mediationen und Fortbildungen.

Gleich zwei Mal wurde die capella hospitalis eingeweiht, erstmals 1899 zusammen mit der Eröffnung des städtischen Krankenhauses. Zwischenzeitlich eine Aus- und Einsegnungskapelle, gehörte sie von 1949 bis 1990 zum Institut für Pathologie. Als die leer stehende, denkmalgeschützte Kapelle zu verfallen drohte, gründete sich eine Bürgerinitiative und sammelte Spendengelder. Mit Erfolg. Am 10. Mai 2003 fand die zweite feierliche Einweihung der grundlegend sanierten Kapelle statt. Eine farbige Fensterrosette über dem Eingang ist das einzige unversehrte Element aus dem neugotischen Original von 1899.

Zu beeindrucken weiß der »Raum der Stille«, den die Künstlerin Elisabeth Masé entworfen hat. Kunst und Besinnung verschmelzen frei nach Shakespeares Ratschlag »Die beste Hilf' ist Ruhe«. Diese außergewöhnliche Atmosphäre des Raumes nutzt regelmäßig die Cooperativa Neue Musik. Der Bielefelder Verein widmet sich in seinen Konzertprogrammen vornehmlich der Musik des 20. und 21. Jahrhunderts – angefangen bei den Werken von Arnold Schönberg und Charles Ives über John Cage und Giacinto Scelsi bis zu Karl-Heinz Stockhausen oder Morton Feldman.

capella hospitalis · Teutoburger Straße 50 · 33604 Bielefeld · Tel. 0521/29 88 28
www.capella-hospitalis.de

04

Kreationen im roten Mantel

Häuser gibt es in Bielefeld einige: große, kleine, bunte, eintönige. Doch nur ein Haus ist von Kopf bis Fuß in Rot gehalten. Mit dieser Farbgebung sticht das Restaurant »meiwei« ins Auge. Auffällige Außenwerbung hat es gar nicht nötig.

Die Farbe Rot steht für die Sozialdemokratie, den FC Bayern München, britische Doppeldeckerbusse oder Londoner Telefonzellen. In Bielefeld steht sie für das »meiwei«. Vor der Geschäftseröffnung haben die Inhaber die ganze Fassade des Hauses in der Signalfarbe anstreichen lassen. Selbst Briefkästen, Fensterrahmen, Regenabflussrohr und Klingelschild sind knallrot. Aufmerksamkeit war damit bereits im Vorfeld der Eröffnung garantiert – danach sorgte eher das kulinarische Angebot für Gesprächsstoff.

▶ »meiwei« bedeutet übrigens »köstlich« – das darf wörtlich genommen werden.

Hausgemachte Nudeln, Suppen, japanisches Fondue sowie zahlreiche Sushi-Variationen stehen unter anderem auf der Speisekarte. Auch das Lunchbento zur Mittagszeit wird gern genommen. Die Inneneinrichtung punktet mit einem angenehm zurückhaltenden und zugleich modernen Design. Im Innenhof wartet ein kleiner Sommergarten.

Nach eigener Aussage zelebriert das »meiwei« panasiatische Crossover-Küche. Der Begriff Crossover stammt eigentlich aus der Musik, als Metal und Hip Hop, Reggae oder Country fröhlich miteinander verquirlt wurden. Crossover ist aber auch in der Küche heimisch geworden. Der Name steht dort für ungewöhnliche Kombinationen wie Jakobsmuscheln auf Christstollen oder Grünkohl mit Kokossauce.

Dem Crossover-Geist des »meiwei« entspricht das Bielefelder Futomaki. Der ausgiebige Kontakt von Sushi-Rollen mit Frittierfett mag zwar dem Wellnessimage von Suhsi entgegenstehen, lecker sind die Futomaki allemal. Auch Desserts wie das auf Orangen servierte flambierte Kokoseis im Teigmantel vereinen Gutes aus unterschiedlichen kulinarischen Welten.

Restaurant meiwei · Münzstraße 5 · 33602 Bielefeld · Tel. 0521/94 93 60 04
www.mei-wei.de · Haltestelle Turnerstraße, Buslinie 21, 22, 29

Sushi mit Signalfarbe: das »meiwei«

Strandbar auf dem Parkhausdeck: Santa Maria

05

Strand verkehrt

Die Nordsee ist von Bielefeld rund 170 Kilometer entfernt, das Mittelmeer 1240 Kilometer. Dennoch ist der Weg in den Urlaub nicht weit: Auf einem Parkdeck inmitten der Stadt gestrandet ist die »Strandbar Santa Maria«. Ein Ort für Rentner wie Paradiesvögel, Familien wie Szenegänger.

Schon der Zugang zu der Bar ist ungewöhnlich. Im Parkdeck 6 geht es via Aufzug oder Treppenhaus hinauf zum Strand. Nebenan rauscht der Ostwestfalendamm, eine vielbefahrene Stadtautobahn. Wer auf dem Deck ankommt und sich umsieht, sieht vor allem zwei Dinge: Himmel und Beton. Und genau hier hat eine Strandbar ihre Pforten geöffnet?

Ja! »Santa Maria« hieß das Schiff, mit dem Kolumbus eine neue Welt entdeckt hat. Unter diesem Namen versammeln sich nun alte Überseecontainer und holzgetischlerte Möbel. Sie sorgen für eine rundum maritime Atmosphäre. 100 Tonnen Weser- und Sennesand, Surfbretter und alte Boote lassen Strandgefühle aufkommen. Ein alter Ford Transit grüßt als Biertheke.

Mit großer Liebe zum Detail haben die Betreiber die »Strandbar Santa Maria« in einen Ort verwandelt, an dem man Zeit, Raum und Zweitliga-abstiegskampf vergessen kann. Ganz weit weg – und doch so nah am Tagesgeschehen. Der Hauptbahnhof und das Stadtzentrum befinden sich nur wenige Schiffslängen entfernt. Falls das ostwestfälische Wetter mal nicht mitspielt, gibt es auch überdachte Plätze.

Selbstverständlich fehlen auch sommerliche Stärkungen nicht: erfrischende Getränke wie leckere Cocktail-Kreationen und eine ansprechende Sommerküche für den kleinen oder größeren Hunger. Auf der Speisekarte stehen Salate, Snacks, Burger und Flammkuchen.

Zum umfassenden Wohlfühl-Programm gehören regelmäßige Veranstaltungen, etwa Lesungen, DJ-Auftritte und Konzerte. Auch Flohmärkte haben schon in der Strandbar stattgefunden. Dass manch erworbenes Stück dabei Sandspuren aufweist, nehmen die Käufer nur allzu gerne in Kauf.

Strandbar Santa Maria · Mo–Sa ab 15 Uhr So/Feiertag ab 13 Uhr · Große-Kurfürsten-Straße 75
33615 Bielefeld · www.strandbar-santamaria.de

06

Subkulturelle Vielfalt

Wie verwandelt man einen Gähnort in ein Kulturzentrum? Der Initiative Bielefelder Subkultur ist das geglückt. 2010 hatten sich Kulturschaffende zusammengetan, um einen neuen Ort für popkulturelles Leben zu finden, nachdem die traditionsreiche Veranstaltungsstätte »JZ Kamp« die Türen schließen musste. Unter dem dezent-sperrigen Namen »Nr. z. P.« eröffnete die Initiative ein eigenes Lokal. Die ehemaligen Räumlichkeiten einer Kfz-Zulassungsstelle beherbergen nun eine schnickschnacklose Bühne für ansprechende Auftritte, etwa von Hans Nieswandt, Thomas Meinecke oder Isolation Berlin. Auch beliebt: musikalisch untermaltes Tischtennis donnerstags.

Nummer zu Platz (Nr. z. P.) · Große-Kurfürsten-Straße 81 · 33615 Bielefeld
www.facebook.com/nummerzuplatz

07

Urban abhängen

An dieser Straße gibt es wenig Anwohner, dafür viele Autos und Tauben – und gute Gründe hierherzukommen. Schuld daran ist das »Cutie« als perfekte Ergänzung zum benachbarten »Nr. z. P.«, das nur für Veranstaltungen öffnet.

Inhaber der Bar ist Hendrik Wortmann, einer der Begründer der Initiative Bielefelder Subkultur. Sein »Cutie« ist ein Ort zum Abhängen, Vorglühen und Absacken. Es gibt nichts zu essen, dafür viel zu trinken: Bier von nah und fern, Cocktails, Nicht-Alkoholisches. Regelmäßig legen DJs auf, mittwochs spielen Studierende Bingo. Und wer draußen vorm »Cutie« sitzt und auf Ostwestfalendamm und Bahnhof blickt, weiß: Urbaner geht's in Bielefeld nicht.

Cutie · Große-Kurfürsten-Straße 81 · 33615 Bielefeld · Tel. 0521/32 72 58 98
www.facebook.com/cutiecutiecutie

Nette Nachbarn: das »Nr. z. P.« und das »Cutie« sind sich sehr nahe.

08 Hinter den Kulissen des Stadttheaters

Tischlerei, Schlosserei, Malsaal – verblüffend viele Gewerke zählen neben Intendanz, Schauspiel oder Musik zum städtischen Theaterbetrieb. Davon können sich Interessierte bei besonderen Führungen selbst ein Bild machen.

»Wie wir hören, ist im Laufe des gestrigen Tages der Grundstein zum Stadttheater-Gebäude gelegt worden. Eine Einladung zu der Feier scheint die Presse nicht erhalten zu haben, und Näheres über sie zu erfahren, ist uns aller aufgewandten Mühe ungeachtet nicht gelungen.« Mit diesen zurückhaltenden Worten kommentierte die »Neue Westfälische Volkszeitung« am 3. April 1901 die Grundsteinlegung des Bielefelder Stadttheaters.

Heute erfährt das Theater mit den drei Sparten Schauspiel, Tanz und Musiktheater nicht nur in den lokalen Medien Beachtung. Beim Besuch des traditionellen Weihnachtsstücks sammeln Tausende von Kindern erste Theatererfahrungen.

▶ Regelmäßig lädt das Theater vor Beginn einer neuen Spielzeit zum Familienfest mit Kostproben aus den neuen Produktionen ein.

Aber Theater ist mehr als nur das Bühnengeschehen in den beiden Spielstätten Stadttheater und Theater am Alten Markt. Rund 350 Menschen mit über 50 Berufen sorgen in Bielefeld dafür, dass sich der Vorhang überhaupt hebt.

Regelmäßig veranstaltet das Theater Führungen hinter die Kulissen. Selbst Geheimnisse werden gelüftet. Dort können Besucher zum Beispiel die theatereigene Tischlerei und den Malsaal bewundern. Sie erfahren, dass die Herstellung einer Perücke manchmal eine ganze Arbeitswoche in Anspruch nehmen kann. Oder dass im Fundus rund 12 000 Kostüme lagern, darunter auch die besagten Perücken und die Hosen vom letzten Weihnachtsmärchen.

Die Führungen hinter den Vorhang können auch private Gruppen und Firmenkunden buchen. So erhalten besondere Anlässe wie eine Geburtstagsfeier eine ganz eigene Note.

Theater Bielefeld · Brunnenstraße 3–9 · 33602 Bielefeld · www.theater-bielefeld.de
Karten-Tel. 0521/51 54 54

Ungewöhnliche Einblicke in den Theateralltag

Kurz und knackig: die U-Bahn-Strecken der Bielefelder Stadtbahn

09 Unterwelt mit Fahrbetrieb

Die Stadtbahn ist aus Bielefeld nicht mehr wegzudenken, wenngleich sie für einige Kilometer von der Oberfläche verschwindet und unterirdisch ihre Kreise zieht. Bei Führungen kann man das Tunnelsystem erkunden.

»Wir haben das schlechteste Wetter der Republik, unsere Fußballmannschaft verliert immer dann, wenn es darauf ankommt, mal nicht zu verlieren, und wir haben auch noch die kürzeste U-Bahn der Welt.« Derlei Kollektivstoßseufzer haben in Bielefeld Tradition – Stichwort Lokalmasochismus. Auch wenn der Regen statistisch betrachtet andernorts tatsächlich noch weitaus dichter ist und die Profifußballer des DSC Arminia Bielefeld genauso häufig aufsteigen wie absteigen, lag Bielefeld mit einem etwa 600 Meter langen Tunnelsystem ganz weit vorne, wenn es um die kürzesten U-Bahnstrecken geht. Im Jahr 1991 wurde nach umfangreichen Bauarbeiten aus der Straßenbahn immerhin eine Stadtbahn, die nicht nur oberirdisch unterwegs ist, sondern nun auch durch mehrere Kilometer Tunnel fahren konnte.

Wenn Stadtbahn-Betreiber moBiel zu seinen unregelmäßig stattfindenden Tunnelführungen einlädt, sind die Plätze in kürzester Zeit vergriffen. Ein Grund dafür liegt in der begrenzten Teilnehmerzahl. Aus Rücksicht auf die Sicherheit können nur max. 14 Personen teilnehmen. In geführten Kleingruppen geht es 22 Meter in die Unterwelt, um zu Fuß und mit Warnwesten ausgestattet das rund 6 Kilometer lange Tunnelsystem zu erkunden. Es gibt schmale Fluchtwege, unterirdische Technik-Einrichtungen und ein ausgeklügeltes Treppensystem zu entdecken. Nervenschwachen Zeitgenossen ist die Führung nicht unbedingt zu empfehlen. Denn der Fahrbetrieb läuft während der Erkundung ganz normal weiter. Die Führungen sind nur für Personen geeignet, die gut zu Fuß und mindestens 16 Jahre alt sind.

▶ **Bei Betriebshof-Führungen kann man Werkstätten, die Verkehrsleitzentrale und die Waschanlage für Bahnen und Busse kennenlernen. Anmeldungen über moBiel (www.mobiel.de)**

Infos zu Führungen: www.mobiel.de

10 Woher Bilivelde kommt

Bielefeld gibt's doch gar nicht. Die Verschwörungstheorie rund um die Stadt war phasenweise so populär, dass sich davon sogar eine ganze »Wilsberg«-Krimifolge im ZDF hat inspirieren lassen. Dass Zweifel an der Existenz der Stadt unberechtigt sind, zeigt das Stadtarchiv.

Nicht nur Ortsunkundige, die in die Fänge der Blitzeranlage auf der A2 am Bielefelder Berg geraten, wissen: Bielefeld existiert. Weniger bekannt ist, welche Bedeutung der Stadtname hat. Um die Herkunft von »Bielefeld« ranken sich einige Legenden. Mal soll es der Ausruf eines Arbeiters sein, der vor einem fallenden Beil (bzw. Biel) gewarnt haben will. Mal soll ein Bild des Waldgottes Biel den Namen der Stadt geprägt haben. Weitaus wahrscheinlicher ist, dass der Name auf die topografische Lage des Ortes zurückgeht. Während das angehängte »-feld« eine alte Bezeichnung für eine ebene Fläche ist, steht das »Bil/Biel« für Trennen und Spalten – also für die besondere Lage entlang der Höhenzüge des Teutoburger Waldes.

Herausgefunden hat das Sprachforscherin Birgit Meineke. Sie hat über die Ortsnamen Bielefelds ein umfangreiches Buch veröffentlicht. Dabei führt sie zum Beispiel aus, dass der Stadtteil Deppendorf seinen Namen einer alten sächsischen Bezeichnung für »Siedlung des Dietmar« verdankt. Eine Erklärung, die vor Ort erleichtert zur Kenntnis genommen wurde.

Die Stadtgeschichte, die um das Jahr 1214 mit der Gründung von »Bilivelde« durch Graf Hermann von Ravensberg begann, halten das Stadtarchiv und die Landesgeschichtliche Bibliothek mit Quellen- und Fotosammlungen, Zeitungen, Büchern und Karten lebendig. Unter dem Dach der Stadtbibliothek am Neumarkt ist ein wunderbarer Ort entstanden, an dem man sich Bielefelder Momente aus Politik, Wirtschaft, Kultur oder Sport vergegenwärtigen kann. Viele Bücher und Zeitschriften sind frei zugänglich. Wer sich jedoch ausführlich beraten lassen oder Karten, Pläne, Plakate oder Zeitungen ansehen möchte, sollte vorher einen Termin vereinbaren.

Stadtarchiv und Landesgeschichtliche Bibliothek Bielefeld · Neumarkt 1 · 33602 Bielefeld
Tel. 0521/51 24 71 · www.stadtarchiv-bielefeld.de

Bielefelds Geschichte in Wort und Bild ist im Stadtarchiv und in der Landesgeschichtlichen Bibliothek zu entdecken.

Entspannend und inspirierend zugleich: der Skulpturenpark der Kunsthalle

11

Das vergrabene Kamel

Die Kunsthalle gehört zweifellos zu den kulturellen Aushängeschildern Bielefelds. Doch nicht nur im Gebäude selbst können sich Besucher mit zeitgenössischer Kunst auseinandersetzen. Im Skulpturenpark stößt man auf ein vergrabenes Kamel.

Allein unter architektonischen Gesichtspunkten ist die Kunsthalle als einziger europäischer Museumsbau des amerikanischen Architekten Philip Johnsen ein Hingucker. Der ursprüngliche Entwurf sah auch einen Skulpturengarten als städtebauliche Abgrenzung vor. Zu ihrem 40. Geburtstag 2008 beschenkte die Kunsthalle die Öffentlichkeit mit der nachträglichen Umsetzung des Plans.

Der restaurierte Skulpturenpark mit dem neu gestalteten Wasserbecken versammelt Werke von Olafur Eliasson, Sol LeWitt, Henry Moore und Thomas Schütte. Das fraglos unzugänglichste Ausstellungstück ist Not Vitals unterirdische Arbeit »Junges Kamel, der Erde übergeben«.

2005 hatte die Kunsthalle dem Bildhauer eine Ausstellung gewidmet, die sich um dessen künstlerisches und soziales Engagement in der Wüstenstadt Agadez in Niger drehte. Dort entwarf er gemeinsam mit einheimischen Tuareg Gebäude und Objekte. Skulpturen, Fotografien und Modelle gaben Einblicke in seine Tätigkeit. Zur Ausstellung gehörten auch fünfzehn Keramikkugeln, die Überreste eines geschlachteten, in der Sonne getrockneten Kamels enthalten. Dazu passend ließ Vital im Park der Kunsthalle ein ausgestopftes Baby-Kamel vergraben. Eine kleine Informationstafel auf dem Rasen verweist auf die damalige Ausstellung und die ungewöhnliche Begleitaktion.

Über der Erde zu bewundern sind Bettina Pousttchis Pömpel-Ensemble »Viktoria«, die 1974 aufgestellte Plastik »Large Oval with Points« von Henry Moore oder das Holzhausmodell des japanischen Architekten Sou Fujimoto. Was Kunst im öffentlichen Raum bewirken kann, zeigt der 1999 ursprünglich auf der Biennale in Venedig ausgestellte Spiralpavillon von Olafur Eliasson – ein Blickfang und gleichzeitig ein Klettergerüst.

Kunsthalle Bielefeld · Artur-Ladebeck-Straße 5 · 33602 Bielefeld · Tel. 0521/32 99 95 00
www.kunsthalle-bielefeld.de · Haltestelle Adenauerplatz, Buslinie 1

12

Eis just want to have fun

Was gibt es im Sommer Erfrischenderes als ein Eis. Die Schoko-Vanille-Erdbeer-Dominanz ist Geschichte. Eiskreationen mit Schwarzbrot und Bier haben bereits manchen Gaumen gekitzelt. Klassiker wie Eigenschöpfungen gibt es im »Garten Eis Cafe«. Die sympathische Eiskonsumstätte hat es sich im Hinterhof bequem gemacht.

»Eis is all about that base.« »Eis just want to have fun.« »Eis had the time of my life.« »Eis macht nicht schlau, weil Eisesser schlau genug sind.« Mit Sprüchen wie diesen wirbt das »Garten Eis Cafe« für sein Angebot. Handschriftlich mit Kreide auf einer kleinen Tafel festgehalten.

Wer an dem Haus an der Teutoburger Straße vorbeigeht, könnte fast übersehen, dass sich im Hinterhof ein Eiscafé befindet. Eisgraffiti an der Hauswand räumen letzte Zweifel aus. Hier ist ein heißer Ort für eisiges Vergnügen!

Das in den warmen Monaten von (meist) April bis (meist) Oktober geöffnete Eiscafé erfreut sich nicht nur in der unmittelbaren Nachbarschaft großer Beliebtheit. Kinder aus der Diesterwegschule kommen in Scharen vorbei, auch Besucher aus dem nahegelegenen Städtischen Krankenhaus. Manche Fahrradtour endet an einem der Holztische oder im Strandkorb. Auch die Wanderer, die es am Wochenende in den Wald zieht, planen gern einen Stopp ein.

Begonnen hat alles 1961 mit fünf Eismaschinen. Seit 1987 hat das Café seinen festen Standort im Hinterhof. In dritter Generation betreibt Andre Schulz das Geschäft und hält an traditionellen Familienrezepten fest.

Es gibt mächtige Eispokale mit und ohne Alkohol, heiße und kalte Getränke. Bei den Eissorten locken neben den beliebten Klassikern auch neue Sorten. »Bielefella« zum Beispiel vereint Joghurt, einen flüssigen Schokoladekern und Krokant. Von den Vereinsfarben inspiriert ist »Arminiata« als blaues Milchspeiseeis mit Vanillearoma und Krokant. Wer auf Milch verzichtet, geht nicht leer aus. Mehrere Fruchteissorten werden vegan hergestellt.

Mag es woanders schicker oder edler sein, das »Garten Eis Cafe« punktet mit Gemütlichkeit und Sympathie.

Garten Eis Cafe · Mo–So 11–21 Uhr · Teutoburger Straße 45 · 33604 Bielefeld
Tel. 0521/17 12 80 · www.garten-eis-cafe.de

Hier lässt es sich in den warmen Monaten wunderbar aushalten.

Ein geschichtsträchtiger Ort: Wo früher eine Heilquelle war, ist heute ein Springbrunnen.

Das fünfte Leben des Kesselbrinks

13

Wohl kaum ein Platz in Bielefeld weist eine so verrückte Geschichte auf wie der Kesselbrink. Wo früher Vieh weidete oder sich die Busfahrer der Region zum Pausenkaffee trafen, ist heute eine Bike- und Skateanlage zu Hause, die zu den größten Europas zählt.

Ursprünglich hielten die Menschen in der frühen Neuzeit Tiere auf dem Platz, sodass er angeblich den Beinamen Köttelbrink erhielt. 1666 soll dort sogar eine Heilquelle entdeckt worden sein. Sie versiegte jedoch schnell. Später nutzte das Militär den Platz zum Exerzieren. Am Kesselbrink errichtete die Bielefelder Turngemeinschaft (BTG) die erste Turnhalle der Stadt, und die Fußballer des 1905 gegründeten BFC Arminia trugen hier ihr allererstes Spiel aus. Nach einem kurzen Intermezzo als Volkspark wurde der Platz in der Nachkriegszeit als Parkplatz für 1100 Autos eine Asphaltwüste und zugleich mit 17 Omnibusbahnsteigen ein wichtiger Knotenpunkt für den öffentlichen Personennahverkehr der Region. In den Sechzigerjahren entstand auf dem Kesselbrink die größte Tiefgarage Nordrhein-Westfalens. Das höchste Gebäude der Stadt, ein Fernmeldehochaus, kam in den Siebzigern dazu.

Der Kesselbrink war alles andere als schön. Das sollte sich ändern. Bei einem Architektenwettbewerb siegte ein Entwurf, der dem Platz mehrere Funktionen gab. Nach einem strikt geometrischen Konzept erhielt er Baumreihen, eine Platz- und Marktfläche, ein Rasenplateau, ein Café und eine Skateanlage. Seit 2012 ist der neue Kesselbrink mehr oder minder fertiggestellt.

Samstags zieht der Wochenmarkt Besucher an. An den anderen Tagen herrscht allerdings gähnende Leere – vor allem in den kälteren Monaten, wenn die Bike- und Skateanlage wenig benutzt wird. Spielt das Wetter jedoch mit, sorgen die Benutzer von Skateboards, Inlineskates und BMX-Fahrrädern für ein buntes und quirliges Treiben.

Immerhin: Mit dem »Gegenüber« und »Potemkin« sind in der Nähe der Anlage auch zwei Kneipen entstanden, die ein jüngeres Publikum ansprechen. Und das ganzjährig.

Kesselbrink · 33602 Bielefeld · Haltestelle Jahnplatz, alle Stadtbahnlinien, Haltestelle Kesselbrink, Buslinien 21, 22, 24, 25/26, 27, 28, 29

14

Fächer aus fünf Jahrhunderten

London, Paris, Bielefeld. Dieser Dreiklang mag seltsam klingen, doch gibt es etwas, was die drei Städte verbindet. Nur an diesen drei Orten gibt es Museen, die sich mit der Geschichte des Fächers beschäftigen. Das Deutsche Fächermuseum hat sich ganz den handlichen Klimaanlagen verschrieben.

Seit dem November 1995 ist dieses außergewöhnliche Museum in der Bielefelder Altstadt geöffnet. Seine Entstehung verdankt es einem Zufall. Eigentlich wollten die Eheleute Marie-Luise und Günter Barisch auf einer Antiquitätenmesse 1980 nach Porzellan Ausschau halten. Doch fesselte ein englischer Faltfächer aus dem 18. Jahrhundert ihre Aufmerksamkeit. Daraus erwuchs eine gemeinsame Begeisterung für Fächer aller Art. Mehr und mehr Fächer kamen im Laufe der Jahre zusammen. Ihre Sammlung umfasst mittlerweile Objekte aus fünf Jahrhunderten und aus nahezu allen Ecken der Welt. Um auch die Öffentlichkeit teilhaben zu lassen, eröffneten die Barischs schließlich ein Museum im eigenen Haus. Als Träger dient eine von ihnen gegründete Stiftung.

Der Fächer vereint Handwerk, Kunst und Kultur. Ob mit lilafarbenen Straußenfedern oder aus schwarzem Eisen: Fächer sorgen nicht nur für eine sanfte Klimaveränderung, sondern erzählen mit ihren detailreichen Motiven auch Geschichten. Zum Beispiel die von der Giraffe, die 1826 von Afrika nach Frankreich verschifft wurde, um dort einen Begeisterungssturm zu entfachen.

Erste Fächer gab es schon vor mehr als 5000 Jahren. Aus Asien fanden sie im 16. Jahrhundert ihren Weg nach Europa. Hier wurden sie zum luxuriösen Accessoire für Frauen. Doch halfen Fächer nicht nur bei der Frischluftzufuhr, manche Exemplare dienten dank integrierter Brille auch als praktische Sehhilfe. Mitunter finden sich in Fächer sogar Puderdosen, Spiegel oder Thermometer. Wer das nicht glaubt: Das Bielefelder Fächermuseum führt den Beweis.

Deutsches Fächermuseum Barisch Stiftung · Am Bach 19 · 33602 Bielefeld · Tel. 0521/641 86
www.faechermuseum.de · Haltestelle Landgericht, Stadtbahnlinien 1, 2

Einzigartige Einblicke in die Fächerhistorie

Detailverliebt: die Anlagen des Modelleisenbahnclubs

15 Miniaturwelten

Ein Spielzeug für Kinder? Modelleisenbahnen sind alles andere als das. Die Züge für den Hausgebrauch faszinieren generationenübergreifend, wenngleich sie ältere Semester stärker ansprechen. Der Modelleisenbahnclub in Bielefeld bringt alle zusammen. An Schautagen präsentiert er seine Anlagen.

Nirgends sonst hat Bielefeld so viele Berge und so abwechslungsreiche Landschaften zu bieten. Da gibt es Flüsse, Brücken, Tunnel, Fachwerkhäuser, Grünflächen, Hochhaussiedlungen, Bahnhöfe und verschneite Berglandschaften. Und das alles auf nur wenigen Quadratmetern. Überall rattert, zischt und blinkt es.

Wir befinden uns im Haus des Modelleisenbahnclubs Bielefeld. Einmal in der Woche treffen sich hier die Mitglieder, basteln, tauschen sich aus und tauchen in andere, kleinere Welten ein. Seit 1972 gibt es den Club bereits. Anfangs traf man sich noch in Gaststätten, bis der Club in das Prokuristenhaus der Ravensberger Spinnerei einzog und dieses kräftig umgestaltete.

Von der Touristenattraktion »Miniatur Wunderland« in Hamburg haben viele gehört. In Bielefeld geht es weniger spektakulär, aber dafür familiärer zu. Die Modellbahnfreunde unterhalten ein kleines, aber feines Clubhaus, in dem es zwar kein computergestütztes Besucherleitsystem wie in der großen Hansestadt gibt. Dafür lässt der Club mehrmals im Jahr die Öffentlichkeit herein.

Zu den Anlagen zählten die kleine Bahn in Spurgröße »N«, die klassische, mittlerweile digital gesteuerte HO-Bahn und natürlich auch die große Spur »0«. Mit Leidenschaft wird präsentiert und erklärt. Manchmal darf der Besucher auch in den »Leitstand« und die Züge mitlenken.

In den Schaukästen des Clubhauses versammeln sich Lokomotiven- und Waggon-Schätzchen. Aus dem Keller steigt Waffelduft in die oberen Stockwerke. An den Schautagen kann man im »Salonwagen«, auf alten Bahnsitzen sitzend, Video-Mitschnitte von Sendungen wie »Deutschlands schönste Bahnstrecken« bei Kaffee und Kuchen an sich vorüberziehen lassen.

Modelleisenbahnclub Bielefeld · Heeper Straße 33 · 33607 Bielefeld · Tel. 0521/33 36 24
www.modellbahn-bielefeld.de · Haltestelle Kesselbrink, Buslinien 24, 25, 26, 27

16

Bewegen, berühren, beschäftigen

Mitfiebern. Nachdenken. Lachen. Das Trotz-Alledem-Theater lässt kaum einen Besucher kalt. Das Kinder- und Jugendtheater zeigt seine Inszenierungen in der eigenen Spielstätte und an vielen Orten der Republik. Bei regelmäßigen Comedy-Veranstaltungen kommen auch Erwachsene auf ihre Kosten.

Lena stinkt. Das behauptet zumindest ihre Freundin Maria. Nach den Sommerferien ist in der Klasse nichts mehr so wie vorher. Lena, alleingelassen, sieht nur noch einen Ausweg: abhauen. »Die Geschichte von Lena« braucht nur zwei Schauspieler und wenige Requisiten, um das Thema Mobbing eindrücklich auf die Bühne zu bringen. Das Stück ist eines von weit über 50 Inszenierungen des Trotz-Alledem-Theaters, etliche davon stammen aus eigener Feder. Klassische Stoffe wie »Räuber Hotzenplotz« oder die »Bremer Stadtmusikanten« gehören zum Repertoire, aber auch zeitgemäße Stücke wie eben »Die Geschichte von Lena«.

Bielefelds freie Theaterszene kann man einmal im Jahr Anfang Juni auf der »Nachtreise« erkunden. Geführte Touren zeigen Ausschnitte aus aktuellen Produktionen (www.freie-theater-bielefeld.de)

Kinder brauchen Theater: Das ist die Überzeugung des Trotz-Alledem-Theaters, das seit 1980 existiert und damit eines der ältesten freien Kinder- und Jugendtheaters Deutschlands ist. Das Theater greift Themen auf, die Kinder berühren und beschäftigen.

Nach einer kleinen Odyssee durch die Stadt verfügt das Trotz-Alledem-Theater seit 1990 über eine eigene Spielstätte in der Feilenstraße. Zu Hause ist es aber auch ganz woanders. Das Theater kommt zu Schulen, Kindertagesstätten, Kultur- und Jugendzentren in ganz Deutschland und dem benachbarten Ausland. Und zwar das ganze Jahr über.

Zweites Standbein des Theaters ist die Comedy, die vor allem mit der Kunstfigur Heinz Flottmann verbunden ist. Im Trotz-Alledem-Theater unterhält er das Publikum in seiner schrägen »ShOWL« mit Gästen aus der Kleinkunstwelt.

Trotz-Alledem-Theater · Feilenstraße 4 · 33602 Bielefeld · Tel. 0521/13 39 91
www.trotz-alledem-theater.de · Haltestelle Hauptbahnhof

Ansprechendes Kindertheater: ob Räuber Hotzenplotz oder Aladin und die Wunderlampe

Einfallsreiche Mode fühlt sich in Bielefeld pudelwohl.

17 Mode aus der Puddingstadt

6106,42 Kilometer trennen Bielefeld und New York. Auch sonst scheinen Welten zwischen den beiden Metropolen zu liegen. Mit ihrem Modelabel »Puddingtown» verbindet Friederike von Müller dennoch Madison Avenue und Niederwall. Mit detailverliebter Hand- und Maßarbeit hat sie sich einen Namen gemacht.

Als alte Leineweberstadt hat Bielefeld eine textile Vergangenheit. Den Faden nehmen heute Modeunternehmen und die Fachhochschule auf, die ein Modedesignstudium anbietet. Friederike von Müller hat hier gelernt, nachdem sie zuvor für eine Schneiderlehre nach Bielefeld gezogen war. Anschließend siedelte sie nach New York über, wo sie 1997–2003 in der Modeszene arbeitete, unter anderem für das Streetstyle-Label Ecko Unltd.

2003 ging es zurück nach Bielefeld, wo sie sich mit einem eigenen Modelabel einen Lebenstraum erfüllte. Der Name »Puddingtown« ist eine augenzwinkernde Hommage an den Stammsitz des Hauses Dr. Oetker. Passend dazu fertigte sie ihre ersten Kollektionen aus Küchentextilien der Fünfziger- bis Siebzigerjahre an.

Die farbenfrohe Kombination von klassischen Silhouetten mit ausgesuchten Mustern aus Originalstoffen hatte Erfolg. Die TV-Moderatorinnen Enie van de Meiklokjes und Ruth Moschner trugen bereits ihre Entwürfe.

Friederike von Müller verwirklichte nicht nur Modeideen, sie hat auch als Lehrbeauftragte für Kollektionsgestaltung und Modedesign an der FH für Gestaltung ihr Wissen an künftige Generationen weitergegeben. Ihr Ladengeschäft in der Altstadt ist Verkaufsraum, Werkstatt, Stofflager und Ausbildungsstätte zugleich. Kreativität ist in jeder Ecke förmlich greifbar.

Mit ihrem Team präsentiert sie aktuell drei Modelinien vom Jerseykleid über den Businesslook bis zur exklusiven Abend- und Brautmode. Unikatsuchende Kundinnen werden mithilfe von Stoff- und Skizzenvorlagen beraten. Die auffällige Mustertapete im Eingangsbereich versprüht dezentes »Mad Men«-Flair. New York lässt grüßen.

Puddingtown · Mo–Fr 10–18 Uhr, Sa 11–15 Uhr · Niederwall 38 · 33602 Bielefeld
Tel. 0521/988 71 98 · www.puddingtown.com

18

Kirchliche Andockstation

Mitten im protestantisch dominierten Bielefeld liegt ein katholisches Kloster: Das CityKloster besteht seit 2007 als Einrichtung der Citypastorale des Erzbistums Paderborn. Es knüpft an die Klostertradition der Stadtpfarrei St. Jodokus an.

In der Altstadt steht eine mobile Kirchenbank. Viele Einkaufstütenbepackte blicken kurz auf und hetzen dann weiter. Manche setzen sich jedoch, binden ihre Schuhe zu. Andere fragen den Menschen auf der Bank: »Sind Sie Priester oder Schauspieler?«

Schauspieler sind sie nicht, die auf der rollenden Kirchenbank Platz nehmen. In den Sommermonaten sind Mitarbeiter des CityKlosters in der Fußgängerzone unterwegs, um für Menschen ansprechbar zu sein.

Eine Informationsstelle und ein Kommunikationsort für alle, und zwar unabhängig von ihrer Religion oder Gemeindezugehörigkeit – das möchte das Innenstadtkloster sein. Und eine Andockstation zur Kirche.

Das »City« im Namen stehe für die offene, unverbindliche, spontane Begegnung mit Menschen in der Stadt, das »Kloster« für den verbindlichen Dienst der Gastfreundschaft, der Gesprächsbereitschaft, des Gebets, des geistlichen Lebens. So beschreibt sich das Stadtkloster selbst.

Eine besondere Anlaufstelle ist der CityKlosterLaden. Er bietet ein breites Spektrum an religiösen Büchern, zudem religiöse Kunst, Schmuck, Tauf- und Hochzeitskerzen. Aber auch Liköre und Brände aus Klosterproduktionen sowie fair gehandelte Lebensmittel wechseln hier den Besitzer. Natürlich gibt es auch feste Gebetszeiten in der benachbarten St. Jodokus-Kirche, etwa mittags oder wöchentlich beim »schweigenden Gebet«. Das CityKloster unterhält eine Wohnung, in der Glaubenskurse oder Gruppen- und individuelle Begegnungen stattfinden. Zwei Gästezimmer stehen für eine Auszeit bereit.

Die Klostergeschichte Bielefelds führt bis ans Ende des 15. Jahrhunderts zurück, als Franziskaner ein Waldkloster am Jostberg unterhielten. Schließlich zogen sie in die Stadt, den heutigen Klosterplatz.

CityKloster · Klosterplatz · 33602 Bielefeld · Tel. 0521/16 39 82 40 · www.citykloster-bielefeld.de

Vom Wald- zum Stadtkloster: das CityKloster am Klosterplatz

Außenansicht: der Bielefelder Kunstverein

Zeitgenössische Kunst im Adelshof

19

Ein schöner Kontrast: Eines der ältesten Gebäude der Stadt präsentiert innovative zeitgenössische Kunst. Der Bielefelder Kunstverein im Waldhof prägt mit seinem ambitionierten Ausstellungsprogramm das Bielefelder Kulturleben.

Verwinkelt sind die Räume, in denen die Ausstellungen des Kunstvereins zu sehen sind. Mal ist es ein »nicht kommerzieller Showroom für BHs ab Cup-Größe D«. Mal ist es eine Ausstellung, die Künstler als Auftraggeber von Architektur zeigt. Letztere Ausstellung nannte der Deutschlandfunk »so fundamental interessant wie intim«. Diese Aussage verweist auf ein kleines Dilemma des Kunstvereins: Sein Wirken erfährt überregional mitunter mehr Beachtung als vor Ort.

»Mit seinen innovativen Präsentationsformen, transdisziplinären Veranstaltungsreihen, Kooperationen und Beteiligungskonzepten« habe sich der Kunstverein unter der Leitung von Thomas Thiel zu einer »unverzichtbaren Adresse für künstlerische und wissenschaftliche Austauschprozesse entwickelt«, lobte die Jury, die den Kunstverein 2014 mit dem renommierten ADKV-ART COLOGNE Preis für Kunstvereine auszeichnete. Aktuelle Themen und Perspektiven verwandter Disziplinen wie Architektur, Gestaltung, Musik und Literatur fänden sowohl im Ausstellungsprogramm als auch in der Netzwerkarbeit des Vereins ihren Widerhall.

1929 wurde der Kunstverein von einer Bürgerinitiative als Freundeskreis des Bielefelder Kunsthauses gegründet. Seit 1984 befindet er sich im Gebäude des ehemaligen kulturhistorischen Museums Waldhof, einem Adelshof aus dem 16. Jahrhundert im Stil der Weserrenaissance.

Mit mehr als 1000 Mitgliedern zählt der Kunstverein zu den größeren Deutschlands. Die Mitglieder haben nicht nur freien Eintritt zu den Ausstellungen aller in der Arbeitsgemeinschaft Deutscher Kunstvereine (ADKV) zusammengeschlossenen Kunstvereine, sie können auch spezielle Angebote wie Jour Fixe, Tagesexkursionen oder Kunstreisen wahrnehmen.

Bielefelder Kunstverein im Waldhof · Welle 61 · 33602 Bielefeld · Tel. 0521/17 88 06
www.bielefelder-kunstverein.de

20

Ruhe unter alten Bäumen

Der denkmalgeschützte Alte Friedhof im Stadtzentrum ist Bestattungsort, Kulturdenkmal und Erholungsraum in einem. Auf dem Friedhofsgelände befinden sich einige bemerkenswerte Grabsteine aus dem 19. Jahrhundert, darunter die Gräber der Vierlinge von 1875.

In der Nähe der Kapelle liegen fast unscheinbar in einem Beet aus Fleißigen Lieschen verborgen vier Sandsteinskulpturen gleicher Größe nebeneinander. Sie stellen schlafende Kleinkinder dar. Die Gräber erinnern an vier Söhne der Handwerksfamilie Dreinhöfer, die in ihren ersten Lebensjahren gestorben sind.

Der Friedhof erzählt noch mehr Geschichten aus der Vergangenheit. Ein Sandsteinblock gemahnt an zwei befreundete preußische Offiziere, die bei einem Duell um eine Frau ihr Leben verloren haben sollen.

Der Friedhof ist auch die letzte Ruhestätte bekannter Stadtbürger. Darunter sind die Bürgermeister Körner und Delius, die Kaufleute und Fabrikanten Bansi, Bozi, Crüwell, Upmann und Woermann sowie der Schauspieler Junkermann und die Sängerin Marie Crüwell. Ins Auge fällt die acht Meter hohe Sandsteinsäule mit Auferstehungsrelief für den Pfarrer Johann Heinrich Scherr. Seit 1986 steht der Friedhof mit 302 verbliebenen Grabmalen unter alten Bäumen unter Denkmalschutz. 33 Steine sind älter als 1850.

Im Lauf der Zeit hat sich die Ruhestätte stark verändert. Sie entstand 1808 als überkonfessionelle Grabstätte, nachdem die französischen Herrscher bestimmt hatten, dass neue Begräbnisplätze aus hygienischen Gründen außerhalb der Stadttore anzulegen seien. Die Stadt breitete sich während der Industrialisierung aus, und der Friedhof rückte von der Randlage ins Stadtzentrum. Mehrfach wurde die Friedhofsfläche verkleinert. Jahrzehntelang durften keine neuen Gräber angelegt werden.

Im Jahr 2000 beschloss der Rat der Stadt, den Alten Friedhof wieder als Begräbnisstätte zu öffnen. Er erhielt hohe Zäune und wurde nachts geschlossen, auch um dem Vandalismus keine Chance (mehr) zu geben.

Alter Friedhof Bielefeld am Jahnplatz · Sommerzeit 7–20 Uhr · Winterzeit 8–18 Uhr
zwischen Körnerstraße (gegenüber dem Rathaus) und Friedrich-Verleger-Straße

Das Vierlingsgrab auf dem Alten Friedhof

Heinz Flottmann führt auf kurzweilige Art durch die Sparrenburg.

Mit Flottmann in der Sparrenburg

21

Das Wahrzeichen der Stadt, das immer alles im Blick hat. Die Sparrenburg wacht über Bielefeld. Zur Ruine verfallen, wurde sie Mitte des 19. Jahrhunderts wiederaufgebaut. Abseits historisch gesicherter Fakten kann man sich bei einer Führung mit Heinz Flottmann über die Burganlage informieren.

Bielefelder genießen im Biergarten hopfenhaltige Kaltgetränke oder von den hohen Mauern die schöne Aussicht über die Stadt: Die Sparrenburg mitsamt Innenhof und Außenanlage zählt zu den bekanntesten Orten Bielefelds. An Wochenenden und bei besonderen Events wie dem jährlichen großen Mittelalterfest ist dort der Teufel los. Ein Geheimtipp sind die im Sommer vom Kulturamt veranstalteten kostenlosen Open-Air-Konzerte.

Wen es zur Sparrenburg zieht, der kann den 37 Meter hohen Burgturm besteigen oder eine Entdeckungstour durch die Kasematten mit seinem 300 Meter langen Gangsystem unternehmen. Man kann die Sparrenburg aber auch auf ganz andere Art erkunden: bei einer Führung mit dem stadtbekannten Humorspezialisten Heinz Flottmann.

Flottmanns Comedy-Stadtführungen im Bus sind vielen bekannt. Weniger bekannt hingegen ist, dass er zwischen April und Oktober auch zu Sparrenburg-Führungen einlädt. Bei diesen kurzweiligen Rundgängen werden Fragen wie die folgenden beantwortet: Warum trugen viele Burgbelagerer monatelang die gleiche Frisur? Wo sind eigentlich die Ravensberger Fürsten geblieben? Warum sprachen Ritter mit zunehmendem Alter immer undeutlicher? Was hat die Lutter mit der Entdeckung Amerikas zu tun?

Diese Führungen, die immer an der Brücke zur Burg beginnen, werden vom Trotz-Alledem-Theater – die künstlerische Heimat von Heinz Flottmann – und der Bielefeld Marketing GmbH veranstaltet. Karten gibt es daher ausschließlich bei der Tourist-Information im Neuen Rathaus, Tel. 0521/51 69 99.

▶ **Im Burgrestaurant gibt es regelmäßig besondere Gastronomie-Events – vom Krimi-Dinner bis zum Rittergelage. Infos: www.restaurant-sparrenburg.de**

Sparrenburg · Am Sparrenberg · 33602 Bielefeld · Tel. 0521/51 67 89
www.bielefeld.jetzt/sparrenburg

22

Musikdurchtränkt

Die Hausnummer 0 trifft man nicht allzu häufig an. Der Bunker Ulmenwall trägt sie zu Recht. Ein Club im Untergrund. Sein Logo erinnert an die Londoner U-Bahn. Seine Wände sind nicht nur von Musik durchtränkt.

Wer ist nicht alles schon die Stufen hinuntergestiegen. Carla Bley, Archie Shepp, Chet Baker, Pharoah Sanders, Hanns Dieter Hüsch, Hannes Wader, Harry Rowohlt, Elias Canetti, Thomas Bernhard, Walter Jens, Julia Hülsmann, Michael Wollny, Ingrid Laubrock. Allesamt Künstler, die für große Worte oder wunderbare Klänge stehen. Doch alle gemeinsam hätten schwerlich hier auftreten können, dafür ist die Spielstätte schlicht zu klein.

1938 als Sanitätsbunker errichtet, bietet der verwinkelte Club im Souterrain der Stadt gerade einmal 200 Quadratmeter Veranstaltungsfläche. Bis zu 200 Besucher können von drei Seiten eine kaum 20 Quadratmeter große Bühne einsehen, die in Augenhöhe zum Publikum bespielt wird. Die vielzitierte Nähe der Künstler zu den Besuchern – sie ist förmlich greifbar.

Als Jazz-Spielstätte ist der Bunker Ulmenwall weit über die Stadtgrenzen hinaus bekannt. »Ein Stück internationales Bielefeld«, schrieb einmal die ZEIT, das man »in New York und sogar in Herford« kenne. Der Saxophonist Arthur Blythe befand: »These walls are soaked with music.« – Diese Wände sind mit Musik durchtränkt. Der Bunker Ulmenwall war aber schon immer mehr als Kulisse für gute Musik. Auch Ausstellungen, Lesungen, Kabarett, Poetry Slam und Puppentheater gingen in den Keller.

Bis 1996 war der Bunker Ulmenwall ein städtisches Jugendkulturzentrum, dann übernahm ein Trägerverein die Verantwortung. Ein wichtiges Standbein der Vereinsarbeit ist die kulturelle Bildung. Zum Programm gehören etwa Musik-Sessions mit jungen Flüchtlingen und Schulprojekte. Der Blick in das umfangreiche Konzertprogramm verrät: Der Fokus liegt nicht mehr so deutlich auf dem Jazz wie in den vorangegangenen Jahren. Inzwischen hat auch die Popkultur Einzug gehalten.

Bunker Ulmenwall · Kreuzstraße 0 · Tel. 0521/136 81 70 · www.bunker-ulmenwall.org
Haltestelle Landgericht, Stadtbahnlinien 1, 2

Keine U-Bahn-Haltestelle: Bunker Ulmenwall

Herzhafte und süße Köstlichkeiten gibt es im Café Gemach.

Auszeit im Neustädter Viertel

23

»Sich selbst jeden Tag etwas Gutes tun.« Im »Café Gemach« lässt sich das abgewandelte Pfadfindermotto in die Tat umsetzen – wenn nicht der Montag Ruhetag wäre. Doch auch dem Kreativteam um die Gründer und Betreiber Benjamin Wabnitz und Alisa Firus sei eine Auszeit gegönnt.

Dass Genuss und Gemütlichkeit nur wenig Raum bedürfen, ist eine der ersten Erkenntnisse nach einem Besuch des Cafés Gemach. Ein paar Tische und Stühle mit stilvoller Deko reichen aus, damit die Gäste sogleich in den Auszeitmodus schalten können. Mit ihren süßen und herzhaften Spezialitäten haben sich die Inhaber eine wachsende Schar von Fans erbacken bzw. erkocht. Auch die Kaffee- und Kakaospezialitäten und das Frühstücksangebot wissen zu begeistern. Sämtliche Speisen – ob Desserts wie der blaubeerummantelte Käsekuchen oder ein warmes Mittagsessen – sind frisch, hausgemacht und warten immer mit dem gewissen Etwas auf. Damit keine Langeweile aufkommt, wechselt die Speisekarte jede Woche. Wer sich auf der Suche nach einer passenden Stärkung mit einer Entscheidung schwer tut – die Bagels sind immer lecker.

▶ Für das Neustädter Viertel wurde ein eigener Stadtplan entwickelt. Er zeigt die richtigen Wege zu Kunst, Kultur und Einkaufen und ist in den Geschäften des Viertels erhältlich.

Das Café fügt sich perfekt ins Neustädter Viertel ein, dessen Motto »Profil zeigen, nicht austauschbar sein« ist. Das Altstadtquartier lockt mit kreativen Fachgeschäften, Galerien, Museen und kleinen Lokalen; der Kulturverein wirbt in seiner Geschäftsstelle für sein Kleinkunstprogramm. Wer sich für Punk-Schallplatten, Bio-Klamotten, Schneidwaren oder Esoterik-Bücher interessiert, ist am richtigen Ort. Das Viertel rund um die Neustädter Marienkirche erstreckt sich von der Kreuzstraße über die Artur-Ladebeck-Straße und den Waldhof bis zum Siekerwall. Ursprünglich siedelten sich hier im 13. Jahrhundert viele Handwerker an, die für den Bau der Sparrenburg benötigt wurden.

Café Gemach · Di–Sa 9–18 Uhr, So 13–18 Uhr · Neustädter Straße 10 · 33602 Bielefeld
Tel. 0521/39 95 72 74 · www.cafe-gemach.de

Alisa Firus und Benjamin Wabnitz betreiben das »Café Gemach«.

HIMMEL WELLEN SAND
Buchdruck

24 Aus alt mach glücklich

Was lässt sich aus zwei alten Männerhemden machen? Eine neue Damenbluse, zwei Halstücher oder Sortierhilfen für die Handtasche. Katrin Stallmann entwirft und verkauft anziehende Upcycling-Produkte. Ihr Geschäft »tragbar« steht gleichermaßen für moderne wie für verantwortungsbewusste Mode.

Mode war schon immer die große Leidenschaft von Katrin Stallmann. Nachdem sie in Bielefeld ihre Schneiderlehre absolviert hat, machte sie in London den Abschluss als Modedesignerin. An der Ravensberger Straße hat sie sich Laden und Werkstatt eingerichtet.

Hinter dem Begriff »Upcycling« verbirgt sich keinesfalls eine neue zertifizierte Fitnessübung, sondern die Steigerung von Recycling. Verbrauchte Materialien werden für andere Zwecke wiederverwendet. Das ressourcenschonende Vorgehen hat Katrin Stallmann zum Prinzip ihres Geschäfts erhoben. Zum einen mit kreativer und urbaner Damenmode, die sie aus handverlesener und aufeinander abgestimmter, getragener Herrenkleidung fertigt. Dafür nimmt sie Kleidungsstücke, die sonst im Müll landen würden, weil sie kleine Macken haben oder einfach nicht mehr zeitgemäß sind. Inspiration liefert insbesondere das Ausgangsmaterial. Jedes neue Kleidungsstück ist ein Unikat. Auf Wunsch können die Kundinnen und Kunden bei der Gestaltung auch ein Wörtchen mitreden.

▶ Einmal im Jahr gewähren Kunst- und Kulturschaffende bei der Aktion »Kunst & Kultur im Karree« zwischen Teutoburger, Detmolder, Turner- und Ravensberger Straße Einblick in ihre Arbeit. Infos: www.kuk-bielefeld.de

Zum anderen stellt die Bielefelder Modedesignerin auch Kleinserien her: Kleidungsstücke mit Stoffen aus industrieller Überproduktion, für die es keine Verwendung mehr gibt, in stark limitierter Auflage. Immer steht das Miteinander von ökologischer, fairer und modischer Bekleidung im Vordergrund. Umso schöner, wenn daraus wieder etwas Tragbares wird, was seiner Besitzerin oder seinem Träger große Freude macht.

tragbar · Do 14–20 Uhr, Fr 14–18 Uhr · Ravensberger Straße 47 · 33602 Bielefeld
Tel. 0179/459 10 16 · www.ks-tragbar.de · Haltestelle Ravensberger Straße, Stadtbahnlinie 3

Laden und Werkstatt zugleich: »tragbar« in der Ravensberger Straße

Willkommen im atelier D, wo Mode von Suncana Dulic zum Beispiel auf Kunst von Doris Hellweg trifft.

Die Kunstgaleriemode-werkstatt

25

Wer eintritt, kann sehen, wie Mode entsteht – oder einen Blick auf aktuelle Kunst werfen. Bisweilen finden auch Lesungen statt. Das »atelier D« ist ein durch und durch kreativer Ort.

Mode und Kunst sind seit vielen Jahrzehnten liiert. Man denke nur an das berühmte Hummerkleid und den Schuh-Hut, die aus der Zusammenarbeit zwischen der Modeschöpferin Elsa Schiaparelli und dem Surrealisten Salvador Dalí herrühren.

Mode und Kunst verstehen sich auch in Bielefeld prächtig: Im »atelier D« entwirft Modedesignerin Suncana Dulic seit 2011 Kleidungsstücke. Inspiration holt sie sich gleich mit ins Haus, denn ihre Werkstatt ist zugleich Kunstgalerie, in der wechselnde Ausstellungen zu sehen sind.

Wer die Rohrteichstraße entlanggeht, entdeckt hinter den beiden Schaufenstern zum einen Kleider, Stoffe, eine Nähmaschine und Arbeitsplatte. Zum anderen Fotografien, Zeichnungen oder Skulpturen. Das Nebeneinander überrascht, irritiert, fasziniert.

Wie sehr sich Kunst und Mode verbinden lassen, zeigt Suncana Dulic zum Beispiel an einer Kreation, die sie im Rahmen des »Catwalks« der Bielefelder Modemacher auf dem Laufsteg in der Stadthalle präsentierte. Der für seine ausdrucksstarken Porträts bekannte Bielefelder Künstler Wolfgang Waesch hat dazu Bilder auf Stoffen angefertigt, die in Kleidungsstücke integriert wurden.

Suncana Dulic ist in der Welt herumgekommen. Sie hat in Hannover Modedesign studiert und als Kostümbildnerin in Paris, Marseille und London gearbeitet, bis sie nach Bielefeld kam, um ein eigenes Atelier zu eröffnen. Neben Wolfgang Waesch arbeitete sie mit Theodor Rotermund, Frauke Lara Düll, Claudia Oberste-Hedtbleck und Patrick Houben zusammen. In der Galerie stellten lokale Künstler, darunter Doris Hellweg, Weizenfeld, Michael Strauß und Ulrich Linke sowie internationale Größen wie Mike Crawford, Orlando Mostyn Owen oder Claire Begheyn aus.

atelier D · Rohrteichstraße 30 · 33602 Bielefeld · Tel. 0521/58 49 54 20 · www.atelier-d-online.de
Haltestelle Landgericht, Stadtbahnlinie 1, 2 Haltestelle Ravensberger Straße, Stadtbahnlinie 3

26

Nachhaltiger Milchschaum

Mit gutem Gewissen genießen – das lässt sich im Café des Welthauses Bielefeld. In dem Mix aus Café und Weltladen gibt es fair gehandelte Produkte zum Sofortgenuss oder zum Mitnehmen, etliches davon auch in Bio-Qualität. Kostenlose Zugabe: Informationen über die Arbeit des Vereins.

Genuss mit Nachhaltigkeitsanspruch hat sich das »Café Welthaus« auf die Fahnen geschrieben. Kaffeevariationen, Kakao- und Teespezialitäten stehen auf der Getränkekarte des jungen Cafés, das erst seit dem Sommer 2014 existiert. Die Rohstoffe für die Heißgetränke stammen ausschließlich aus dem fairen Handel. Wer es lieber kalt mag, kann sich an Limonaden, Schorlen oder Eistee-Kreationen laben. Dazu lockt ein wechselndes Sortiment an Bio-Kuchen und -Gebäck. Auch herzhafte vegetarische oder vegane Snacks wie Gemüsekuchen oder Käsetaschen sind im Angebot. Ideale Bauchwärmer in der Mittagspause sind die hausgemachten Suppen im Glas.

Der faire Handel setzt sich für einen gerechten Welthandel ein und basiert auf der Idee, dass die Produzenten von ihrer Arbeit angemessen leben können. Im kleinen Weltladenbereich des Cafés gibt es deshalb auch faire Produkte zu erwerben: Schokoladen und Pralinen, Kaffee, Tee, Kakao, Wein, Nüsse, Gewürze sowie »Café Miraflor«, den Bielefeld-Kaffee aus der Partnerstadt in Nicaragua.

Das »Café Welthaus« versteht sich nicht nur als Ort des Konsums, sondern auch als Ort des Austauschs. Es gibt Kulturveranstaltungen, zum Beispiel Konzerte im Rahmen des Weltnacht Festivals – einer seit Jahren erfolgreichen, vom Welthaus organisierten Reihe mit Auftritten internationaler Musiker. Im Gemeinschaftscafé treffen sich Menschen mit und ohne Fluchtgeschichte. Darüber hinaus können sich Café-Besucher natürlich auch über die langjährige entwicklungspolitische Arbeit des Welthauses informieren: über Netzwerke und Partnerprojekte, über die Bildungsarbeit in Schulen oder Kindertagesstätten oder den Freiwilligendienst weltwärts.

Café Welthaus im Welthaus Bielefeld · Mo–Fr 11–18 Uhr · August-Bebel-Straße 62
33602 Bielefeld · Tel. 0521/986 48 71 · www.welthaus.de · Haltestelle Pauluskirche, Buslinie 27

Im Welthaus gibt es nicht nur ein nettes Café, sondern auch Produkte aus dem fairen Handel.

Liegen gleich nebeneinander: das Jugendgästehaus und das Tor 6 Theaterhaus

27

Das Jugendgästehaus

Wo früher Fahrräder zusammengeschraubt wurden, übernachten heute Schulklassen oder Individualtouristen. Auf 10 000 Quadratmetern ist ein Wohn-, Aus- und Weiterbildungszentrum entstanden, das weitaus mehr ist als eine reine Übernachtungsstätte. Das Jugendgästehaus stellt nicht nur 160 Betten in 58 Zimmern zur Verfügung, sondern auch mehrere Tagungsräume, eine Sauna mit Dampfbad, einen Gymnastikraum und ein Bistro. Für bewegungsinteressierte Gäste gibt es einen Kletterfelsen und ein Streetball-Feld. Außerdem macht das Haus im denkmalgeschützten Teil der alten Fabrik auf die Bielefelder Industriegeschichte aufmerksam.

Jugendgästehaus Dürkopp Tor 6 · Hermann-Kleinewächter-Straße 1 · 33602 Bielefeld
Tel. 0521/52 20 50 · www.djh.de · Haltestelle August-Schröder-Straße, Stadtbahnlinie 3

28

Das Theaterhaus

Das Tor 6 Theaterhaus zählt zu den vielseitigsten Veranstaltungsorten Bielefelds. Ihm ist noch mehr Bekanntheit zu wünschen. Die ehemalige Produktionshalle auf dem Dürkopp-Gelände wurde in ein Theater mit Arenabühne umgebaut. Etwa 300 Besucher finden dort Platz. Das Haus ist zum einen die Spielstätte des Theaterlabors Bielefeld – eines von mehreren freien Theatern, die mit einem ambitionierten Programm das Kulturleben der Stadt bereichern. Den Raum nutzen aber auch verschiedene Kooperationspartner wie das Stadttheater, das Kulturamt oder der Kulturverein. Entsprechend bunt ist das Programm. Es reicht von experimentellen Stücken über zeitgenössischen Tanz bis zu Kabarett und Lesungen.

Tor 6 Theaterhaus · Hermann-Kleinewächter-Straße 4 · 33602 Bielefeld · www.theaterlabor.de
Haltestelle August-Schröder-Straße, Stadtbahnlinie 3

Generationen von Bielefeldern haben sich hier schon eine Portion Kartoffelsalat gegönnt.

An der Nordseeküste

29

Da Bielefeld einen gewissen Sicherheitsabstand zu größeren Gewässern einhält, ist das kulinarische Angebot an Fisch überschaubar. Zum Glück gibt es die »Fischgaststätte«, die nicht nur mit ihrer Bratküche zu überzeugen weiß: Der hausgemachte Kartoffelsalat genießt einen beinah legendären Ruf.

Wer in Bielefeld schöne Erinnerungen an den zurückliegenden Nordseeurlaub auffrischen möchte, kann ein Konzert des ortsansässigen Shanty Chors oder seinen »alternativen« Zwillingsbruder Shantallica besuchen. Noch einfacher ist eine Stippvisite in der »Bielefelder Fischgaststätte«. Das Ambiente ist von Flosse bis Schwanz norddeutsch. Wenn hier plötzlich das Gesangsduo »Klaus & Klaus« auftauchen und im Speisesaal »An der Nordseeküste« schmettern würde, dürfte sich die Überraschung in Grenzen halten.

Das Erdgeschoss beherbergt den Selbstbedienungsbereich, das Restaurant ist im Keller. Der Fisch schmeckt überall: die frisch frittierte Backvariante ebenso wie Hering, Scholle, Lachs oder Zander in mannigfaltiger Form mit leckeren Beilagen. Nicht nur unter Helgoland-Fans erfreut sich die Helgoländer Fischplatte mit Seelachs, Goldbarsch, Kabeljaufilet, Remoulade und Kartoffelsalat einer gewissen Popularität.

Ein Blick auf die Einrichtung und die Speisekarte zeigt: Tradition wird großgeschrieben. In der Tat kann die Fischgaststätte auf eine stolze Geschichte verweisen. 1926 wurde das Seefisch-Speisehaus nach Hamburger Vorbild eröffnet, damals noch in der Straße Am Bach. Drei Jahre später kam in der heutigen Karl-Eilers-Straße ein zweiter Standort hinzu. Nachdem das Gründungslokal aufgegeben worden war, zog die Fischgaststätte 1982 von der Karl-Eilers-Straße zum Jahnplatz in den Keller eines ehemaligen Kaufhauses.

Um auch in Zukunft weiter Fischspezialitäten verkaufen zu können, unterstützt die Fischgaststätte die nachhaltige Fischerei zum Schutz von Meer und Meeresbewohnern.

Bielefelder Fischgaststätte · Mo–Fr 10.30–20 Uhr, Sa 10.30–19 Uhr · Jahnplatz 6 · 33602 Bielefeld
Tel. 0521/17 12 81 · www.bielefelder-fischgaststaette.de · Haltestelle Jahnplatz

30

Knöpfe-Eldorado

Selber machen ist modern. Eine wahre Fundgrube für alle Hobbyschneider, Modestudenten, Änderungsschneider oder Kostümbildner ist das Nähzentrum Eilers. Über eine Million Knöpfe gibt es hier. Ob aus Metall, Perlmutt, Kokos, Steinnuss, Kunststoff, Büffelhorn, Holz oder anderen Materialien, »Selbermacher« finden den passenden Knopf für Ihr Kleidungsstück. Bei Bedarf kann man auch sein textiles Kreativprojekt mitbringen und sich beraten lassen. Auch wer Kurzwaren oder das passende Werkzeug braucht, wird fündig. Neben einer großen Auswahl an Nähmaschinen gibt es eine Werkstatt, in der das eigene Lieblingsgerät wieder auf Vordermann gebracht wird.

Nähmaschinen Eilers · Mo–Fr 9–18 Uhr, Sa 10–15 Uhr · Oberntorwall 21 · 33602 Bielefeld
Tel. 0521/606 77 · www.naehzentrum-eilers.com · Haltestelle Jahnplatz

31

Kein Geruempel

Wen das Vintagefieber packt, der ist bei »Ruempelstilzchen« genau richtig. Seit dem Winter 2015 sind die Interieurprofis mit Herz für alte Schätzchen und Hingucker in der ehemaligen Textilfabrik Kisker am Oberntorwall zu Hause. Hier gibt es Vintage- und Industrial-Möbel verschiedener Epochen – vom Bauhaus über Klassiker der Siebzigerjahre bis zu internationalem Design. Vorrätig sind auch aktuelle Möbel, Lampen, Leuchten und Accessoires rund ums Wohnen, darunter viele Einzelstücke. Ob antik oder modern – die Auswahl kann sich sehen lassen. Wer seine vier Wände mit Schulwandkarten für den Verkehrsunterricht schmücken möchte, der wird bei »Ruempelstilzchen« fündig.

Ruempelstilzchen · Mo–Fr 10–19 Uhr, Sa 10–18 Uhr · Oberntorwall 19a · 33602 Bielefeld
Tel. 0521/915 19 09 · www.ruempelstilzchens-laden.de · Haltestelle Jahnplatz

Oben: Paradies für Selbermacher: Nähmaschinen Eilers
Unten: Oase für Heimeinrichter: Ruempelstilzchen

32 Gute Noten

Popularmusikschule Ostwestfalen – das ist gewiss kein besonders klangvoller Name. Die Kurzform POW! hingegen kommt da schon deutlich musikalischer rüber. Unter diesem Namen sorgt eine Musikschule für reges Treiben von Nachwuchsmusikern.

Bei dem Wort Musikschule mag mancher zusammenzucken. Erinnerungen an Blockflötenvorspielabende werden wach. An qualvolle Minuten voller schiefer Töne, die den Jungmusikern ebenso unangenehm sind wie den Lehrkräften und den Eltern. Und an die große Erleichterung, die einsetzt, nachdem der letzte Flötenton in der stickigen Schulaula verhallt ist.

Doch gibt es Musikschulen ohne Fremdschämfaktor! Beim öffentlichen Vorspielen stehen richtige Bands auf der Bühne und interpretieren Songs von Green Day oder Amy Winehouse. POW!-Bands werden gern zu Stadtfesten oder Schülerkonzerten in den Bunker Ulmenwall eingeladen.

Die Bielefelder Musikschule POW! widmet sich dem breiten Spektrum der Popmusik. Schlagzeug, Gitarre, Bass, Saxofon, Trompete, Klarinette oder Gesang stehen auf dem Stundenplan. Auch die Blockflöte als Grundlageninstrument darf nicht fehlen. Viele Lehrende sind selber als Musiker in Bielefelder Bands aktiv und geben ihre Erfahrungen an den Nachwuchs weiter.

Schon bei den Kleinen geht es los. Musikkurse gibt es schon für Kinder ab drei Jahren. Beim Instrumenten-Karussell beispielsweise lernen sie in Kleingruppen vier Instrumente kennen: Gitarre, Klavier & Keyboard, Percussion & Schlagzeug – und Blockflöte.

Die drei Schulleiter Andreas Gummersbach, Andreas Klatt und Peter Wolf haben POW! 1994 aus der Taufe gehoben. Die vage Idee einer alternativen Musikschule mit den Schwerpunkten Pop, Rock und Jazz hatten sie schon in den Achtzigern während ihres gemeinsamen Musik-Lehramtsstudiums an der Universität Bielefeld. Gut, dass sich das Trio nicht aus den Augen verloren hat!

Musikschule POW! · Artur-Ladebeck-Straße 7 · 33602 Bielefeld · Tel. 0521/633 66
www.musikschule-pow.de · Haltestelle Adenauerplatz, Stadtbahnlinie 1

Musikschule mit Ausrufezeichen

Oben: Das Historische Museum von außen …
Unten: … und von innen.

33

Einsteigen bitte!

Im Historischen Museum kann man mühelos über den Dächern der Innenstadt spazieren gehen und mit einer alten Straßenbahn durch die Ostwestfalenmetropole und ihre Geschichte fahren.

Im Vorraum empfängt den Besucher gleich das größte Ausstellungsstück des Museums: eine der ältesten erhaltenen Dampfmaschinen in Deutschland, Baujahr 1842. Sie steht für den Beginn der für Bielefeld so bedeutenden Industrialisierung. Ein paar Schritte weiter folgt ein großes, begehbares Luftbild vom Stadtzentrum. Dort kann man sein Haus, seine Schule oder seinen Lieblingssportplatz suchen. Nebenan wartet ein Straßenbahnwagen, in dem historische Filme aus verschiedenen Jahrzehnten den Besucher auf eine Fahrt durch Bielefeld mitnehmen.

Bielefeld hat sein Gesicht in der jüngeren Vergangenheit stark verändert. Das verwundert nicht, weil der altbekannte Spruch von der freundlichen Baustelle am Teutoburger Wald nicht von ungefähr kommt. Ohne Fahrschein (eine Eintrittskarte für das Museum sollten Besucher allerdings erworben haben) kann man sich in einen der Straßenbahnsitze plumpsen lassen und die Veränderungen aus Sicht des öffentlichen Personennahverkehrs nacherleben.

▶ Ausstellungsbesuch im Doppelpack: Wenige Schritte vom Historischen Museum entfernt, befindet sich, ebenfalls im Ravensberger Park, das Museum Huelsmann.

Die Sammlung des Historischen Museums umfasst mehr als 100 000 Objekte. Nur ein Bruchteil kann in der ständigen Ausstellung gezeigt werden. Das Museum stellt jedoch regelmäßig Objekte aus seinem Fundus vor. Darunter befinden sich auch zwei Hutnadeln, die in einer besonderen Beziehung zur Straßenbahn stehen. So berichteten Bielefelder Zeitungen im Mai 1912 über ein Problem mit diesem Modeaccessoire. In voll besetzten Wagen wären mehrere Fahrgäste durch die teils weit abstehenden spitzen Enden der Hutnadeln verletzt worden. Die Stadt reagierte: Schaffner verkauften daraufhin den Hutträgerinnen spezielle Schutzhülsen. Heute wäre ein Kopfhörerservice sicher nicht schlecht.

Historisches Museum · Mi–Fr 10–17 Uhr, Sa, So 11–18 Uhr · Ravensberger Park 2 · 33607 Bielefeld
Tel. 0521/51 36 30 · www.historisches-museum-bielefeld.de

34

Puppentheater mit Leidenschaft

»Seid ihr alle da?« – Puppentheater hat in Bielefeld eine lange Tradition. Zu den ältesten und bekanntesten der Stadt zählen die Bielefelder Puppenspiele Dagmar Selje.

Was das Puppentheater angeht, spielt Bielefeld in der Champions League. Mit der Teutoburger Puppenbühne Bielefeld, der Niekamp Theater Company, dem Puppentheater Pulcinella oder den Kammerpuppenspielen Bielefeld gibt es gleich mehrere hochkarätige Bühnen, die Theaterstücke für Kinder oder Erwachsene aufführen. Sie zeigen nicht nur in Bielefeld Präsenz, sondern gehen mit ihren Stücken auch bundesweit auf Tournee.

Dagmar Seljes Spielstätte ist mittlerweile in einem ehemaligen Kino in unmittelbarer Nähe des Jahnplatzes zu Hause. Wer die Stufen in den von Grund auf renovierten Saal hinabsteigt, kann in kindgerechter Atmosphäre das bunte Treiben von Kasper, den Olchis oder Ritter Rost erleben. Seit dem Frühjahr 2016 nutzen die Puppenspiele das jahrelang ungenutzte alte Skala-Kino. Davor erfreuten sie viele Jahre lang im Zentrum Bielefelder Puppenspiele an der Ravensberger Straße und im Kultur- und Kommunikationszentrum Sieker (KuKS) an der Meisenstraße ihre Zuschauer.

Das Repertoire der Puppenbühne ist groß. Es reicht von der Bearbeitung klassischer und moderner Kinderliteratur über traditionelles Kasperletheater und Märchenstoffe bis zum kurzweiligen Mitmachtheater. Die Olchis sind ebenso zu erleben wie das Traumfresserchen oder die Bremer Stadtmusikanten. Darüber hinaus bietet das Team für Groß und Klein kreative Seminare an, etwa zum Puppen- und Maskenbau.

Die Liebe zu den Puppen ist Dagmar Selje in die Wiege gelegt worden. »Mit dem Puppentheater ist es teuflisch, man kommt nicht wieder davon los«, meinte einst ihr Vater Helmut Selje, selbst ein leidenschaftlicher Puppenspieler. 1948 eröffnete er im Bunker Ulmenwall seine erste Spielstätte. Tochter Dagmar übernahm die Bielefelder Puppenspiele 1995 nach dessen Tod.

Bielefelder Puppenspiele Dagmar Selje · Herforder Straße 5–7 · 33602 Bielefeld
Tel. 0521/17 96 05 · www.bielefelder-puppenspiele.de · Haltestelle Jahnplatz, Stadtbahnlinien 1, 2, 3, 4

Erstklassiges Puppentheater: die Bielefelder Puppenspiele Dagmar Selje

Das Naturkunde-Museum präsentiert an unterschiedlichen Stellen der Stadt Exponate.

Bratwurst auf der Anklagebank

35

Richter Bruno Bär hat es nicht leicht: Angeklagt sind Bratwurst, Pommes und Mayonnaise. Im Wohnzimmer stehen Reisekoffer mit fremden Tier- und Pflanzenarten. Die Dauerausstellung des namu setzt sich auf ungewöhnliche Art und Weise mit dem Klimawandel und der Umweltzerstörung auseinander.

»Wir freuen uns, dass Sie sich für eine Reise in die Zukunft entschieden haben. Sie führt uns heute in ein Science-Center für Natur und Umwelt.« Eine Roboterstimme stimmt die Gäste des Naturkunde-Museums bereits im Fahrstuhl auf die Ausstellungsthemen ein. Das Lied »In the year 2525« ist der Soundtrack zur Zeitreise.

Im ersten Obergeschoss wartet ein futuristisches Labor mit konservierten Tieren und Geschichten von Menschen, die sich einst für den Naturschutz einsetzten. Weitere Räume aus der Zukunft wollen entdeckt werden. Tierische Gerichtsverhandlungen machen deutlich, was Billigfleisch, importierte Futtermittel und zerstörte Regenwälder miteinander zu tun haben. Tiger, Klammeraffe und Feldhamster treten als Zeugen der Anklage auf.

Nicht weit davon entfernt ist ein Raum voller Koffer. Sie zeigen, welche Folgen für die heimische Flora und Fauna es haben kann, wenn fremde Tier- und Pflanzenarten eingeschleppt werden. Ein anderer Raum ist auf den ersten Blick leer – auf den zweiten Blick finden Museumsbesucher aber Beispiele für den verblüffenden Nutzen biologischer Vielfalt.

Der zweite Blick ist ganz typisch für das namu. Das Haus ist klein, aber intelligent aufgebaut. Neben der Dauerausstellung ist Platz für drei bis vier Sonderausstellungen pro Jahr. Von einigen naturhistorischen Exponaten hat sich das namu getrennt und sie dafür an öffentlichkeitswirksamen Orten platziert. An der Stadtbahnhaltestelle Siegfriedplatz ist ein Original-Bohrkern neben dem Fahrstuhl als Zeitachse in Szene gesetzt. Großexponate in Bodenvitrinen gibt es an den Haltestellen Rudolf-Oetker-Halle (Riesenlurch), am Hauptbahnhof (Meeressaurier) und am Jahnplatz (Wollnashorn) zu entdecken.

Naturkunde-Museum namu · Mi–So 10–17 Uhr · Kreuzstraße 20 · 33602 Bielefeld
Tel. 0521/51 67 34 · www.namu-ev.de · Haltestelle Adenauerplatz, Stadtbahnlinie 1

36

Bielefelder Luft

Auch wenn Bielefeld im Grünen liegt: Die »Bielefelder Luft« ist nicht zum Atmen da. Stattdessen hat die Brennerei Dreesbeimdieke mit diesem Produkt lokale Schnapsgeschichte geschrieben.

»NRW-Duell« ist eine Unterhaltungssendung im WDR-Fernsehen, in der Fragen zum Bundesland im Mittelpunkt stehen. Dabei lässt es sich nicht vermeiden, dass ab und zu auch Fragen über Ostwestfalen auftauchen. Vor einigen Jahren wollte Moderator Bernd Stelter zum Beispiel Folgendes wissen: Was wird in Bielefeld als »Bielefelder Luft« verkauft?

Studiogast Dirk Bach hatte drei Antworten zur Auswahl: 1. Ein Baisergebäck mit Himbeeren. 2. Ein Deo in Souvenirshops. 3. Ein Schnaps aus Korn und Pfefferminz. Dirk Bach tippte korrekt auf Antwort C. Anschließend wurde im Fernsehstudio das dazugehörende Produkt verköstigt. Die ebenfalls anwesende Hella von Sinnen rief nach der Kostprobe, ihrem Nachnamen alle Ehre machend: »Bielefeld, wie seid ihr denn drauf?«

»Bielefelder Luft« ist ein Likör mit Pfefferminzgeschmack und einem Alkoholgehalt von 32 Prozent. Um seine Entstehung rankt sich eine hübsche Geschichte. Heimische Jäger nahmen früher, um sich bei ihren Streifzügen durch den Wald in kalter Nacht auf dem Hochsitz zu wärmen, den einen oder anderen Korn zu sich. Um den unvermeidlichen Alkoholgeruch zu überdecken, warfen sie anschließend Pfefferminzbonbons ein. Aus der Kombination von Weizenkorn und Pfefferminz fertigte die Bielefelder Brennerei Dreesbeimdieke dann die »Bielefelder Luft«, die heute in 0,7- und in 0,02-Liter-Flaschen abgefüllt wird.

Friedrich Dreesbeimdieke gründete 1878 in Bielefeld eine Kornbranntwein- und Steinhägerbrennerei, die sich bis heute in Familienhand befindet. Als einzige Brennerei der Stadt überstand sie zwei Weltkriege und wirtschaftlich herausfordernde Zeiten. Wer sich heute ein Bild von der Brennerei machen möchte, kann wochentags dem Kontor in den Vormittagsstunden einen Besuch abstatten.

Brennerei F. Dreesbeimdieke · Kontor Mo–Fr 9.30–13.30 Uhr · Bolbrinkersweg 17
33617 Bielefeld · Tel. 0521/15 02 66 · www.dreesbeimdieke.com

Typisch Bielefeld: Luft in Flaschen

Jedes Jahr im Sommer: Das Künstlerhaus lädt zur großen Benefizparty ein.

37

Artists Unlimited

Als Design-Studierende und Künstler mit Gleichgesinnten Mitte der Achtziger nach Atelierräumen suchten, fanden sie ein altes Fabrikgebäude in der Innenstadt. Aus einer ehemaligen Papierfabrik wurde das Künstlerhaus Artists Unlimited mit viel Platz zum gemeinsamen Wohnen und Arbeiten.

Rund 30 Künstler, Designer und Kulturschaffende leben momentan in dem Haus, das mit rund 2000 Quadratmetern viel Platz für Kreativität und Kunst bietet. Das Nebeneinander von Wohnen und Arbeiten spielte von Anfang an eine große Rolle. Da konnte es schon mal vorkommen, dass der Kunsthallendirektor bei einem Ausstellungsbesuch plötzlich vor der Badezimmertür eines Vereinsmitglieds auftauchte.

Das Künstlerhaus an der August-Bebel-Straße ist Ausstellungsort und großes Experimentierfeld gleichermaßen. Regionale und internationale Künstler präsentieren ihre Werke in der verwinkelten Kellergalerie.

Bereits 1986 konnten die Artists eines ihrer ersten Ziele umsetzen und den ersten Gastkünstler aus dem Ausland begrüßen: Pip Cozens aus Großbritannien bezog für drei Monate Atelier und Wohnung. Bis heute haben mehr als 90 Gastkünstler dieses Stipendium genutzt. Allein die Herkunftsländer zeigen, welche Bedeutung das Künstlerhaus aus Bielefeld in der international vernetzten freien Kunstszene gewonnen hat: Die Liste reicht von Argentinien, Belgien, Chile über Japan, Russland, Spanien bis nach Vietnam. Nicht selten bewerben sich für ein Stipendium 250 Künstler. Zur Finanzierung kann übrigens jeder beitragen: Die Erlöse der jährlichen Benefizparty von Artists Unlimited, eine große Sause im Innen- und Außenbereich des Künstlerhauses, kommen den Gastkünstlern zugute. Außerdem gibt es in jedem Jahr eine Benefizausstellung mit einer Verlosung kurz vor Weihnachten. Der passende Name der Aktion: »WeihnArt«.

▶ Nicht nur Künstler fühlen sich hier pudelwohl: im »Café Milestones« mit Mittagstisch und für Nachtschwärmer (www.cafe-milestones.de)

Artists Unlimited · August-Bebel-Straße 94 · 33604 Bielefeld · www.artists-unlimited.de

38 Leuchtende Kinokultur

Ob Filme schauen oder selber drehen: Wer sich für bewegte Bilder interessiert, kommt am »Filmhaus Bielefeld« nicht vorbei. Der Verein sorgt für Kinokultur in geschlossenen Räumen und unter freiem Himmel. Er veranstaltet Wettbewerbe, Festivals und Workshops.

Bielefeld hat Filmgeschichte geschrieben. Friedrich Wilhelm Murnau, 1888 in der Stadt geboren, sorgte als Stummfilmregisseur (»Nosferatu«) für Furore. Ein Jahr später erblickte in Bielefeld Joseph Massolle das Licht der Welt. Er sollte den Tonfilm das Laufen lehren.

Heute bewegt das Filmhaus die Kinokultur in Bielefeld. Den Verein haben unabhängige Film- und Videomacher aus der Region 1982 gegründet. Die mehr als 200 Mitglieder dürfen Geräte und Einrichtungen der Werkstatt auch für eigene Produktionen nutzen. Das Filmhaus ist neben dem »Lichtwerk« im Ravensberger Park und der »Kamera« in der Feilenstraße einer der wichtigsten Kinobetreiber der Stadt. Mit dem »MondscheinKino« stellt es in den Sommermonaten auch die Technik für Freiluft-Kino-Events zur Verfügung. Das jährliche Luna Open Air Kino im Ravensberger Park hat seine Wurzeln ebenfalls im Filmhaus.

Das umtriebige Filmhaus-Team ist in vielen Rollen zu sehen. Beim Drehbuch-Slam stellen Autoren aus der Region mit einer maximal siebenminütigen Performance ihre Ideen für einen Kurzfilm vor: moderne Märchen, Stummfilme oder Kneipenpalaver mit Katzenverfolgung. Das Publikum wählt dann, wie beim Poetry Slam, seine Favoriten. Autoren können so ihr Drehbuchprojekt verbessern oder in die Tonne kloppen.

Hinter »Bielefeld leuchtet« verbirgt sich eine aufwendige Aktion, bei der das Filmhaus die Innenstadt in ein großes Kino verwandelt. Ausgestattet mit Leinwand, Filmprojektor und Tonanlage zeigt das Team an markanten Plätzen wie dem Alten Markt und dem Klosterplatz Kurzfilme von regionalen Filmemachern. Zweimal hat es den Drehbuch-Slam schon gegeben. Das Wanderkino erlebte schon fünf Auflagen. Fortsetzungen folgen.

Filmhaus Bielefeld · August-Bebel-Straße 94 · 33602 Bielefeld · Tel. 0521/17 77 57
www.filmhaus-bielefeld.de

Film ab! Das Filmhaus Bielefeld ist in vielen Rollen zu sehen.

Oben: Eine ziemlich kinderfreundliche Kombination: Wasser und Sand
Unten: An diesem Ort ist selbst die Heizungsanlage außergewöhnlich.

39

Matschparty im Bürgerpark

Der Bürgerpark ist eines der beliebtesten Naherholungsgebiete der Stadt. Eine noch recht unbekannte Attraktion für Familien mit kleinen Kindern ist der neue Wasserspielplatz in unmittelbarer Nähe zum Café im Bürgerpark. Die Wasserspiele sind ein Geschenk der Stadtwerke anlässlich des Jubiläums »125 Jahre Wasserversorgung«. In Gestalt eines Notenschlüssels schlängelt sich die Anlage gut 21 Meter den Hang hinab. Handschwengelpumpe, wasserspuckende Frösche und eine Archimedische Schraube sorgen für reichlich Wasseraktion – neben Matschbereichen zum ausgiebigen Buddeln und Modellieren.

Bürgerpark · Rudolf-Oetker-Halle · Stadtbahnlinie 4, Buslinie 21, 61

40

Im Keller des Akustikwunders

Die Rudolf-Oetker-Halle zählt zu den bekannten Konzertbauten Deutschlands, von Musikern und Besuchern aufgrund ihrer Akustik gleichermaßen gerühmt. Zur Eröffnung am 31. Oktober 1930 erklang Brahms 1. Symphonie in c-Moll. Konzerte der Bielefelder Philharmoniker zählen heute zu den festen Programmpunkten des Veranstaltungsortes. Wer einmal eher unbekannte Seiten der Halle entdecken möchte, kann dies bei einer Führung des Stadttheaters für Abonnenten tun. Da geht es beispielsweise in die »Katakomben« mit der genialen Heizungsanlage oder zur verborgenen Orgel. Zum klangvollen Ende der Führung lauschen die Besucher noch einer Probe der Philharmoniker.

Rudolf-Oetker-Halle · Lampingstraße 16 · 33615 Bielefeld · Haltestelle Rudolf-Oetker-Halle, Stadtbahnlinie 4, Buslinie 21, 61

41

Lebenslänglich Arminia

Die SchücoArena zählt zweifellos zu den Orten Bielefelds mit überregionaler Strahlkraft. Doch hat das Stadion Seiten, die der Öffentlichkeit meist verborgen bleiben. Dazu gehört das Gefängnis. Dieser wohl ungünstigste Platz, um ein Fußballspiel zu verfolgen, lässt sich bei einer Stadiontour erkunden.

Es ist ein schmuckloser Betonklotz unterhalb des Sitzplatzblocks C. Schon Tausende Fußballfans sind auf ihrem Weg zum Tribünenplatz oder zur Halbzeitbratwurst an ihm vorbeigelaufen, ohne ihm große Beachtung geschenkt zu haben. Nur wenige wissen, dass sich in diesem Bauteil das Stadiongefängnis befindet, das die Polizei bei Spielen des DSC Arminia Bielefeld im Bedarfsfall nutzt, um notorischen »Störern« die Gelegenheit zum Nachdenken zu geben.

Regelmäßig lädt Ostwestfalens beliebtester Fußballverein dazu ein, das Stadion abseits der Spieltage zu erkunden. Etwa 90 Minuten lang zeigen Stadionguides zahlreiche Bereiche, in die Fans üblicherweise keinen Einblick erhalten. Die Spieler- und Schiedsrichterkabinen zählen ebenso zum Programm wie die VIP-Logen, die Auswechselbank oder der Spielertunnel. Nicht fehlen darf ein Abstecher ins Museum/Archiv/Forum Arminia (kurz: MAFA). Das 2013 eröffnete Museum spiegelt Arminias wechselhafte Geschichte in vielen Dokumenten und Ausstellungsstücken wider. Zudem erzählt das DSC-Personal bei den Führungen Anekdoten rund um die »Anfield Road Ostwestfalens«. Und zu berichten gibt es über Arminia Bielefeld als notorischen Auf- und Absteiger mit Hang zur Tragik so einiges. Schließlich ist der Verein schon drei Mal kolossal in Relegationsspielen gescheitert.

Wer die schwarz-weiß-blaue Stadionerlebniswelt zu nächtlicher Stunde besichtigen möchte, hat auch dazu regelmäßig Gelegenheit. Einmal im Monat bietet der Verein Führungen unter dem Motto »SchücoArena und MAFA bei Nacht« an. Und das ist ganz sicher erkenntnisreicher als eine Übernachtung im Stadiongefängnis.

SchücoArena · Führungen ab 15 Pers. · Melanchthonstraße 31a · 33615 Bielefeld
Tel. 0521/96 61 10 · www.arminia-bielefeld.de · Haltestelle Rudolf-Oetker-Halle, Stadtbahnlinie 4

Arminias Heimstätte hat viele Seiten.

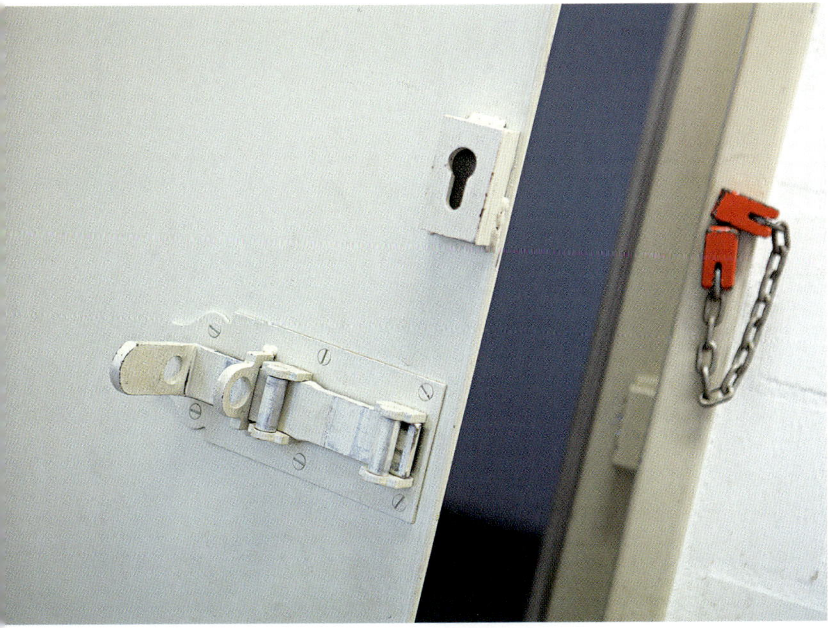

Viel Platz zum Treffen, Quatschen und Obst-Einkaufen

42 Freiluftwohnzimmer

»Zum Augenblicke dürft' ich sagen: Verweile doch! Du bist so schön…«. Goethes Zitat aus dem »Faust« findet sich in großen Lettern in einem Sitzbereich der Stadtbibliothek – es könnte aber auch in den Asphalt von »Siggi« eingraviert sein.

Der im Volksmund kumpelhaft »Siggi« genannte Siegfriedplatz ist das Freiluftwohnzimmer für zahlreiche Menschen aus dem Bielefelder Westen. Nicht nur in den warmen Monaten des Jahres. Als das Magazin der »Süddeutschen Zeitung« 2011 vier belebte Plätze in Deutschland, aus der Vogelperspektive fotografiert, präsentierte, tauchte neben Dresden (Elbwiesen), München (Gärtnerplatz) und Berlin (Admiralbrücke) überraschenderweise auch Bielefeld (Siegfriedplatz) auf. Die Erklärung: »Kein See, kein Fluss – Bielefeld hat nur den Siggi. Dafür speichert der Beton die Sommerwärme besser als Rasen.« Kein Wunder, dass der Platz an warmen Tagen auch als überdimensionales Picknickdecken-Patchwork durchgehen kann.

Dass der dreieckige Platz mit seiner unterirdischen Stadtbahnhaltestelle zu einem angesagten Treffpunkt wurde, hat zwei Gründe. Zum einen die Gaststätte »Der Koch«, die sich 1990 auf dem Platz um einen kleinen Biergarten erweiterte. Seit 1998 werden Getränke aus einem stillgelegten Straßenbahnwagen verkauft. Zum anderen die Bürgerwache. Das den Platz prägende Gebäude, bis 1977 eine Polizeiwache, wird von einer engagierten Bürgerinitiative am Leben erhalten. Im Stadtteilzentrum treffen sich Briefmarkensammler ebenso wie Initiativen zur sozialökologischen Stadtentwicklung. Eine Gastronomie stellt Sitzbänke bereit und versorgt alle mit Getränken.

An manchen Tagen ist besonders viel los, vor und nach den Arminia-Spielen etwa, aber auch an den Wochenmarkttagen mittwochs und freitags. Über das Jahr verteilt lädt Siggi zu Flohmärkten, Stadtteilfesten und dem Weihnachtsmarkt ein. Viele gute Gründe, um schöne Augenblicke unter dem Bielefelder Himmel zu erleben!

Siegfriedplatz · 33615 Bielefeld · www.bi-buergerwache.de · Stadtbahnlinie 4, Buslinie 27

43

Tierisches Theater

Einmal zu nächtlicher Stunde durch den Tierpark gehen? Oder einen tierischen Junggesellenabschied erleben? Der Heimat-Tierpark Olderdissen ist auf vieles vorbereitet.

Den Bielefeldern den Tierpark vorzustellen, hieße Bären ins Gehege tragen. Um die ungebrochene Popularität des Heimat-Tierparks zu ermessen, reicht an Wochenenden ein kurzer Blick auf die Parkplätze. Dabei sind es keineswegs nur Familien und Wanderer, die den idyllisch gelegenen Park aufsuchen, um Bären zu bewundern, Kaninchen zu füttern und Hochlandrinder zu tätscheln. Auch der große Spielplatz und die Gastronomie des Meierhofs tun ihr Übriges, um die Massen selbst bei ungemütlichem Wetter zu unterhalten. Und nicht zuletzt ist der Ort einer der wenigen Tierparks weltweit mit Theatererfahrung: Mit dem Musical »Randale im Tierpark« rund um die Bielefelder Kinderrockband Randale und ihren Hardrockhasen Harald hat das Bielefelder Stadttheater dem Tierpark ein Denkmal gesetzt.

Doch gibt es Dinge rund um den Ort, die nicht jedem bekannt sind. So bietet die Zooschule »Grünfuchs« Führungen zu tierischen Themen, Rallyes, Kindergeburtstage und andere Events an. Bei geführten Nachtwanderungen hat man zum Beispiel die Gelegenheit, die scheuen und dämmerungsaktiven Tierarten zu erleben. Dann dringen seltsame Geräusche ans Ohr und Gerüche in die Nase. Auch manches misstrauische Raubtier wagt sich erst zu später Stunde heraus. Sogar englischsprachige Führungen und Führungen auf Kisuaheli sind möglich. Einzelne Rallyes für Schulklassen sind in Englisch oder Französisch buchbar.

Ein anderes Angebot dreht sich um den Junggesellenabschied. Dafür bietet die Zoo-Schule besondere Aktionen, zum Beispiel Führungen zum Thema »Ehen im Tierreich« – ein paar indiskrete Details über die traute Zweisamkeit dürfen dabei natürlich nicht fehlen. Eingeplant sind auch Sektpausen – für die Besucher. Auch Brautpaare dürfen ihren Lieblingstieren ein wenig näher kommen.

Heimat-Tierpark Olderdissen · Dornberger Straße 149a · 33619 Bielefeld · Tel. 0521/51 29 56 · www.zoo-schule-gruenfuchs.de (Tel. 0521/521 72 90) · Haltestelle Tierpark, Buslinie 24

Im Tierpark kann man nicht nur schöne Hochzeitsfotos machen, sondern auch manche Tiere füttern.

Ein schöner Ort für Blumenliebhaber – und Hochzeitsgesellschaften

Botanik über der Stadt

»Spaghetti!« Beinahe im Wochentakt können die Pflanzen im Botanischen Garten die Aufforderung des Fotografen zum kollektiven Mundwinkelverziehen vernehmen. Hochzeitsgesellschaften nutzen das florale Ambiente für Erinnerungsfotos. Doch ist der Garten weit mehr als eine fotogene Kulisse.

Allein der Taschenbuchbaum. Nicht zufällig heißt er auch »Aufwiedersehenbaum«. Wenn er im Frühling blüht, scheint er von flatternden Taschentüchern bevölkert zu sein. Oder der imposante Mammutbaum, der seinen Namen zu Recht trägt: Seine Rinde kann bis zu 60 Zentimeter dick werden. Im Botanischen Garten wachsen und gedeihen mehr als 2500 verschiedene Pflanzenarten, heimische ebenso wie exotische.

Eine der ältesten Parkanlagen der Stadt, ursprünglich 1912 angelegt, erfuhr im Laufe der Jahre gleich mehrfach eine Umgestaltung. Heute erfreuen sich Besucher an der Rhododendren- und Azaleensammlung, am Steingarten, dem Alpinum, dem Arznei- und Gewürzgarten oder dem Heidegarten. Auch Tiere lassen sich beobachten, etwa Frösche, Kröten und Molche am Seerosenbecken, Eidechsen auf Steinmauern oder ein Feuersalamander am Bach. Ein Bienenhaus lässt dank einer glasabgeschirmten Aussichtsterrasse einen Blick auf die fleißigen Honigsammler beim Ein- und Ausflug zu.

▶ **Der Botanische Garten ist ganzjährig rund um die Uhr geöffnet. Der Eintritt ist frei. Einblick in die reiche Pflanzenvielfalt gibt es im Rahmen von Führungen.**

Um den Garten kümmert sich der Umweltbetrieb der Stadt. Seit 1998 gibt es zudem den Förderverein »Freunde des Botanischen Gartens Bielefeld«. Er konnte die drohende Teil-Stilllegung verhindern und stieß darüber hinaus etliche weitere Projekte an.

Im Zentrum stehen das Fachwerkhaus und der Gartenhof. Dort finden Veranstaltungen statt – von Vorträgen über Konzerte bis hin zu Feiern. Auch sportliche Entspannung in Form von Qigong wird regelmäßig angeboten. Fördervereinsmitglieder können die Räume für kleinere private Treffen nutzen.

Botanischer Garten · Am Kahlenberg 16 · 33617 Bielefeld · Tel. 0521/51 31 78
www.botanischer-garten-bielefeld.de · Haltestelle Langenhagen, Buslinie 29,
Haltestelle Johannisfriedhof, Buslinie 24

45

Mahlstunden und Hahnenkämpfe

Das Bauernhausmuseum stand 1995 nach einem verheerenden Brand vor dem Aus. Vier Jahre später öffnete es als modernes Freilichtmuseum wieder seine Tore. Besonders auf Kinder warten in historischer Kulisse zahlreiche Mitmachangebote.

Wie haben die Menschen früher eigentlich ohne Backofen und chemische Zusatzmittel Brot gebacken? Womit haben Kinder vor vielen Jahrzehnten gespielt, als es noch keine Gummibälle, Barbiepuppen und Computerspiele gab? In welchen Häusern haben die Menschen Mitte des 19. Jahrhunderts gelebt? Und wie sah ihr Alltag aus?

Es sind Fragen wie diese, auf die das Bauernhausmuseum Antworten gibt. Auf sehr kurzweilige Art werden die Kinder mit auf eine Zeitreise genommen. In einer »Mahlstunde« lernen sie den Weg vom Korn zum Brot kennen. Was mit einer Roggengarbe beginnt, verwandelt sich in der Bockwindmühle zu Schrot. Daraus entsteht im Backhaus ein Brötchenteig, der dann im Steinofen gebacken wird. Spielerisch lernen Kinder dabei etwas über das Dreschen, Mahlen und Backen. Zum Schluss warten leckere Brötchen, die natürlich auch an Ort und Stelle verzehrt werden dürfen.

Kurzweilige und zugleich informative Mitmachangebote wie dieses gibt es im Bauernhausmuseum einige. »Können Kühe sauer werden? Von der Milch zur Butter« heißt ein weiteres Mitmachangebot. Bei »Hahnenkämpfen und Schweinsblasenbällen – spielen wie vor 150 Jahren« stehen Kinderspiele vergangener Tage im Mittelpunkt. Es gibt auch Märchenstunden, eine Museumsrallye und eine Waldwichtelwerkstatt. Viel Spaß bereitet auch das gemeinsame Plätzchen- und Pickertbacken.

Das Museum hat natürlich auch den Großen reichlich zu bieten. Sonderausstellungen informieren über unterschiedliche historische Themen. Im Sommer gibt es Konzerte aus der Reihe »Ohrenweide«, internationale Folk-Bands treten sonntagvormittags vor besonderer Kulisse auf. Danach kann man den Ausflug im Museumscafé ausklingen lassen.

Bielefelder Bauernhausmuseum · Februar–Dezember · Dornberger Straße 82 · 33619 Bielefeld
Tel. 0521/521 85 50 · www.bielefelder-bauernhausmuseum.de · Buslinie 24

Geschichte lässt sich im Bauernhausmuseum auf vielfältige Art und Weise erleben.

46

Nacht der Klänge

Wenn sich die Fahrstuhltür öffnet und dort kein bücherbeladener Student oder Professor erscheint, sondern eine Ska-Band in voller Formation – dann ist wieder die »Nacht der Klänge« gekommen. Seit 2004 verwandelt sich die Universität Bielefeld bei dieser Veranstaltung in ein Klangkunstwerk.

Als Reformuniversität ist die Hochschule seit ihrer Gründung 1969 in Bewegung. Außen eine Forschungsfestung, verströmt sie innen Bahnhofshallenflair. Als Lernfabrik bringt sie alle Fakultäten unter einem Dach zusammen und muss mittags entsprechend viel Andrang in der Mensa verkraften. Auf Außenstehende wirkt das Fakultäten-Ensemble mit dem neuen Blickfang »Gebäude X« so leicht zugänglich wie »Ulysses« von James Joyce. Es lohnt aber ein genauer Blick. Denn seit 2014 wird die Universität kräftig durchgeschüttelt und auf den Kopf gestellt. In mehreren Bauphasen entsteht ein

moderner Hochschulstandort, der Universität und Fachhochschule erstmals auf einem Campus vereint.

Wer Berührungsängste abbauen und die wandlungsfähige Universität erkunden möchte, kann dies bei der »Nacht der Klänge« tun. An diesem Aktionsabend öffnet die Hochschule selbst Orte, die sonst verschlossen bleiben. Bei diesem ungewöhnlichen Event bespielen mehrere hundert Musiker und Künstler die Universität mit Konzerten, Fantasy-Hörspielen oder Klang-Improvisationen. Viele Teilnehmer haben einen Bezug zur Universität, haben hier studiert oder gearbeitet. Es gibt Aufführungen im Schwimmbad, in der Mensa, sogar in Aufzügen. Im Audimax treten Orchester auf, in der Universitätshalle Tanzgruppen, in Seminarräumen spielen Punkbands. Entlang einer roten Linie wird das Publikum durch Flure, Hörsäle, versteckte Winkel oder die unterirdische Fahrstraße geleitet.

Da der Aufwand für die »Nacht der Klänge« mittlerweile sehr groß ist, findet das vom Zentrum für Ästhetik organisierte Festival nicht mehr wie früher jährlich statt, sondern nur noch alle zwei Jahre. Sich die Termine vorzumerken, lohnt deshalb umso mehr.

Universität Bielefeld, Zentrum für Ästhetik · Universitätsstraße 25 · 33615 Bielefeld
Tel. 0521/106 30 68+ www.uni-bielefeld.de · Haltestelle Universität, Stadtbahnlinie 4

Die wandlungsfähige Hochschule lässt sich bei der »Nacht der Klänge« einmal ganz anders erleben.

47

Paradies für junge Leseratten

Das Buch hat es nicht leicht in Zeiten von Smartphone und Spielkonsole. Wie schön, dass es gut sortierte Buchläden gibt, die Lesemuffeln keine Ausreden mehr erlauben. Das Geschäft »Die Kronenklauer« widmet sich vor allem dem Kinder- und Jugendbuch.

Es wimmelt vor Wimmelbüchern, Klassikern, Abenteuerromanen, Fantasy-Reihen. Bilderbücher reihen sich an Sach- und Fachbücher, auch Hörbücher oder Postkarten sind im Sortiment. Erstleser werden im Kronenklauer ebenso fündig wie erfahrene Bücherwürmer. Der Buchladen will Kinder und Jugendliche vor allem mit ansprechender Literatur versorgen. Ganz bewusst auch mit Büchern, die sich mit schwierigen Themen wie Angst, Krankheit oder Tod beschäftigen. Mit Büchern, die Geschlechterklischees durchbrechen oder sich kritisch mit Autoritäten auseinandersetzen. Und mit Büchern, die ganz viel Lesespaß versprechen.

Zweimal im Jahr wird eine Kronenklauer-Liste mit ausführlichen Buchbesprechungen an Kindertagesstätten und Schulen in Bielefeld verschickt. Überhaupt pflegt Kronenklauer einen engen Draht zu lokalen Bildungseinrichtungen. So werden Ansichtskisten als Hilfe zur Einrichtung von Klassen- und Schulbibliotheken oder für Fachkonferenzen gepackt. Zum Programm gehören auch Lesungen. Die Bielefelder Autorin Susan Kreller, die 2015 für ihren Roman »Schneeriese« mit dem Deutschen Jugendliteraturpreis ausgezeichnet wurde, war bereits zu Gast.

Eine weitere Besonderheit: Jugendliche Leser und Leserinnen können im Kronenklauer aktuelle Leseexemplare ausleihen und selber Kritiken formulieren, die im Internet veröffentlich werden.

Seit 1982 existiert der Buchladen, der sich vom ersten Tag an kollektiven Arbeitsstrukturen verschrieben hat – vom Einheitslohn bis zur gemeinsamen Verantwortung für das Geschäft. Der Name ist von »Die Kronenklauer« (1972) von F. K. Waechter und Bernd Eilert inspiriert, einem frechen Kinderbuch gegen Autoritätsgläubigkeit.

Die Kronenklauer · Goldbach 27 · 33615 Bielefeld · Tel. 0521/12 41 11 · www.kronenklauer.de

Lesestoff und mehr für alle Altersstufen

Hier machen nicht nur Clowns und Artisten gerne einmal Pause.

Pflaumenmus im Circuswagen

48

Ein Stück Waffel essen und dabei an »Krusty der Clown« aus der TV-Serie »Simpsons« denken: Das ist keine ungewöhnliche Assoziation, wenn man sich im Circuswagencafé auf dem Köckerhof eine kleine Auszeit gönnt.

Seit 2009 steht in Babenhausen der gastfreundliche Circuswagen mit Cafébetrieb – ein ideales Etappenziel auf einer Fahrradtour oder einem Spaziergang. Das Café befindet sich auf dem Gelände des Köckerhofs. Der Biolandbetrieb mit Viehwirtschaft unterhält auch einen Naturkostladen und verkauft Gemüse. Naheliegend, dass mancher Einkaufsbummel am Circuswagen endet.

Der ungewöhnliche Holzschindelwagen ist der unumstrittene Hingucker auf dem Platz. Nahezu komplett aus Eiche gefertigt, stammt er aus der ehemaligen DDR. 1987 stellte ihn eine Firma aus der Nähe Leipzigs für eine Schaustellerfamilie her. Diese nutzte den Wagen als mobile Wohnung mit Schlafbereich, Küche und Bad, um damit von Rummelplatz zu Rummelplatz zu ziehen.

Für die Café-Nutzung musste der Wagen einigen kosmetischen Operationen unterzogen werden. Sofas, Möbel, Gardinen und Zwischenwände verschwanden, der ursprüngliche Charakter blieb aber erhalten. Bis zu 20 Gäste finden nun Platz, um sich ein ausgiebiges Frühstück oder selbstgemachten Kuchen und Torten schmecken zu lassen. Köstlich sind auch die frischen Waffeln nach Brüsseler Art, die wahlweise von Puderzucker, Pflaumenmus oder roter Grütze begleitet werden.

Sofern möglich und verfügbar, beziehen die Café-Betreiber Produkte vom Bio-Hof. Dazu zählen Wurst, Eier und Gemüse. Die Auswahl an herzhaften Kleinigkeiten richtet sich nach dem Saisonangebot.

Sollte der Circuswagen besetzt sein, stehen im Außenbereich weitere 40 Sitzplätze zur Verfügung. Wer die ungewöhnlichen Café-Location länger genießen will, kann sie sich auch für eigene Feiern mieten.

Köckerhof-Hofcafé · Babenhauser Straße 30 · 33619 Bielefeld · Tel. 0521/299 38 34
www.cafe-im-circuswagen.de

49 Friseur des Glücks

Ob Bubikopf oder Pixie Cut, pomadierte Tolle oder topaktuelle Frisur: Im Frisierzimmer erhalten Damen wie Herren ansehnliche Frisuren ganz nach ihrem Geschmack. Und das in einem der galantesten Orte der Stadt.

Haarmonie, Haaribo, Haarleluja, hairGott, Hairlich, Hairkules, Kammback, Delicut, Atmosphair. Vier Haareszeiten, Sahaara, Hairreinspaziert, Fönix, GmbHaar, Wellkamm, Rockhaarfäller, Haarbracadabra, Chaarisma. Landauf, landab haben sich Komödianten über die zwanghafte Neigung des Friseurberufsstandes zu haarigen Wortspielen ausgelassen. Im erfrischend schlichten »Frisierzimmer« hört die Kreativität erfreulicherweise nicht bei der Namenswahl auf. Im Gegenteil.

Während auf der Jöllenbecker Straße die Autos vorbeirauschen, eröffnet sich hinter der Eingangstür des Salons eine ganz andere Welt. Im »Frisierzimmer« sind vergangene Jahrzehnte wiederauferstanden: die Zwanziger-, die Fünfziger- und die Sechzigerjahre. Mobiliar und Accessoires, von der Teetasse bis zum Grammophon sorgsam ausgewählt, lassen Wohnzimmeratmosphäre aufkommen. Aber keine Bange, das Arbeitswerkzeug ist zeitgemäß und das Personal auf der Höhe der Zeit.

Wer sich in die gemütlichen Sessel fallen lässt, wird von Fräulein Sulzbacher und ihrem Team bestens beraten und betreut – ganz gleich, ob klassischer Stil oder eine Trendfrisur, für die Dame und den Herrn, gewünscht wird. Wer mag, kann in Massagesesseln nebenan eine Entspannungshaarwäsche genießen. Zum Angebot gehören auch Brautfrisuren und Kosmetik, vom Make-up bis zum Wimpernfärben.

Auch Kinder sind im Frisierzimmer willkommene Gäste. Alles getreu dem Grundsatz »Wenn wir einen Menschen glücklicher und heiterer machen können, so sollten wir es auf jeden Fall tun, mag er uns darum bitten oder nicht«. Glück haben auch Studierende bis einschließlich 28 Jahre: Sie erhalten bei Vorlage eines gültigen Ausweises Rabatt.

Das Frisierzimmer · Mo–Mi 9–18 Uhr, Do, Fr 10–19 Uhr, Samstag nach Vereinbarung
Pestalozzistraße 1 · 33615 Bielefeld · Tel. 0521/78 71 42 42 · www.das-frisierzimmer.de

Das Frisierzimmer: stilvoll, charmant, galant

50

Kochspaß mit Küchenchef

Restaurantführer bedenken das »Tomatissimo« regelmäßig mit Punkten oder Kochmützen. Bielefelds Spitzengastronomie entpuppt sich als erfreulich transparent: In Kochkursen vermittelt Küchenchef Bernhard Grubmüller schmackhaftes Wissen, im Internet verrät er eigene Rezepte zum Nachkochen.

Es sind Gerichte wie die »perfekt gegarten Scampi auf einem mit dem Bunsenbrenner angeflämmten Parmesanspiegel« oder die »dreierlei Varianten von Vitello tonnato«, die den Gault Millau schwärmen lassen. Mit Lob sparen die Testesser auch nicht für die hausgemachte Pasta wie »zitronige Fettuccine mit Maispoularden-Sugo« oder »Finferli mit Pulpo«.

Doch nicht nur gaumenschmeichelnde mediterrane Speisen wie diese wissen die Gäste im »Tomatissimo« zu schätzen, auch Klassiker wie das Wiener Schnitzel mit Kartoffel-Gurkensalat landen gern auf dem Teller.

Besonders angenehm ist die Atmosphäre. Das Restaurant hat nichts von einem Geheimlabor, sondern steht für eine offene, hochwertige Küche. Das gilt nicht nur für den Fleischtrocknungsschrank für Dry-Aged-Beef, der die Blicke der Gäste anzieht.

Transparenz und Spaß an kreativen Menüs stehen auch bei den regelmäßig angebotenen Kochkursen auf dem Speisezettel. Ambitionierte Hobbyköche dürfen sich ebenso angesprochen fühlen wie Anfänger. Die auf maximal 10–12 Teilnehmer begrenzten Kochkurse finden nicht im Restaurant, sondern im SieMatic-Küchenstudio am Adenauerplatz statt. Neben einem mehrgängigen Menü gibt es für die Teilnehmer viele Tipps und begleitende Weine.

Inspirationen liefert Küchenchef Grubmüller ebenfalls im Internet, wo er eine Vielzahl an Rezeptideen präsentiert: zum Beispiel aus dem Kräutergarten, zum Picknick oder auch Spezialitäten für Genießer mediterraner, alpenländischer oder belgischer Küche. Wer Gerichte wie Lebkuchensoufflé mit Granatapfel-Birnensalat oder Schokohippen mit Apfel-Vanille-Dip genießen möchte, findet hier die entsprechenden Rezepte.

Restaurant Tomatissimo · Mi–Sa 18–21.30 Uhr · Am Tie 15 · 33619 Bielefeld · Tel. 0521/16 33 33
www.tomatissimo.de · Rezeptsammlung: www.living-fine.de/go/id/178/

Ob beim Restaurantbesuch oder beim Kochkurs: Das »Tomatissimo« erfreut das Feinschmeckerherz.

Oben: Für Bier- und Limonadenfreunde
Unten: Für Kunst- und Kaffeefreunde

51

Anders Durst löschen

Regionale und internationale Spezialitäten aus der weiten Welt der Erfrischungs- und Anstoßgetränke sind im Brausesyndikat zu finden. Limonade, Bier, Gin, Met und andere flüssigen Leckereien hat Ladeninhaber Oliver Burau für all jene zusammengetragen, denen außergewöhnliche Durstlöscher lieber sind als die immer gleichen Produkte der (noch) führenden Getränkeindustrie. Es gibt Orangen-Fenchel-Limonade, Rhabarbersaft-Schorle und isländisches Craftbeer. Auch mancher Arminia-Fan lässt sich von der Getränkevielfalt inspirieren: Gegenüber vom Brausesyndikat wohnt das Fan-Projekt des Vereins, ein Anlaufpunkt für wahre Fußballfreunde.

Brausesyndikat · Mo–Sa 9.30–20.30 Uhr · Ellerstraße 36 · 33615 Bielefeld · Tel. 0521/94 93 77 74

52

Kuchen und Kunst für die Seele

»Ich hätte gerne ein Stück Kuchen und die Lampe, die dort drüben hängt.« In einem anderen Café würde die Servicekraft bei einer solchen Bestellung vielleicht mit der Stirn runzeln, im »Café Künstlerei« ist eine solche Bitte aber nicht ungewöhnlich. Es gibt nämlich nicht nur himmlische Kuchen, Tartes und Bagels, sondern auch Kunstwerke im separaten Ausstellungsraum zu sehen und zu erwerben, ebenso Einzelteile des Inventars. Eine kulinarische Besonderheit ist das schwäbische Seelenfrühstück, das einmal im Monat am Sonntag angeboten wird. Für Nichtschwaben: Seelen sind eine Art Baguette mit Kümmel und Salz, serviert mit herzhaften oder süßen Begleitern. Eine Reservierung für diese Frühstücksvariante wird empfohlen.

Café Künstlerei · Di–Sa 10–18.30 Uhr, So 14–18 Uhr · Turmstraße 10 · 33615 Bielefeld
Tel. 0521/38 49 99 40 · www.cafe-Kuenstlerei.de · Haltestelle Siegfriedplatz, Buslinie 26

53 Fische trinken

Da sage einer, die Bielefelder hätten keine Fantasie. Mögen andere Städte in kulinarischer Hinsicht mit Molekularküchenexperimenten und abgedrehten Cocktailkreationen punkten – Bielefeld ist die Heimat der gewagtesten Getränkekompositionen überhaupt: des Jämmerlings.

Die Kombination von Korn und Sardelle wird im Lokal »Heimat+Hafen« serviert, einer gemütlichen Kiez-Spelunke im Bielefelder Westen mit Hamburger Hafenambiente. Als »das wohl schärfste Getränk des Landes« hat die Tageszeitung »Die Welt« den Sardellenkorn einmal zu Recht bezeichnet, wobei mit »Land« Nordrhein-Westfalen gemeint war.

Beim »Jämmerling« wird die Sardelle über den Schnapsglasrand gehängt, weshalb das Getränk auch bei Einheimischen unter dem Namen »Gehängter« bekannt ist. Das Trinkritual erinnert an den Tequila-Konsum. Zunächst den salzigen Fisch einnehmen, dann mit Korn nachspülen. Manch Kneipengast hat es bei einem Versuch bewenden lassen, andere schwören auf die Mischung. Ansonsten trinken die Besucher im »Heimat+Hafen« auch gern den »Mexikaner«, eine ebenso feurige wie fischfreie Melange aus Tomatensaft, Tabasco, Sangrita, Wodka, Pfeffer und Salz.

Das maritim eingerichtete Szenelokal (Backsteine! Steuerruder!) zieht ganz ohne Gedöns auch andere Zielgruppen als die Durstigen an. Eine wichtige Rolle spielt die musikalische Beschallung mit DJ-Programm und Kneipenkonzerten. Aber auch Tischkicker und Fußball-Rudelgucken beleben den Ort. Nicht wenige nutzen die Gaststätte als Teil ihres persönlichen Begleitprogramms rund um ein Arminia-Heimspiel. Das Stadion der Schwarz-Weiß-Blauen befindet sich praktischerweise gleich um die Ecke.

Das Lokal existiert seit 2012 und setzt eine stolze Kneipentradition am Standort fort. Die Vorgänger hießen »Gaststätte Mahr«, »Tausendtrinker« und »Linie 4« und erfreuten sich bei Nachteulen großer Beliebtheit. Was sie alle jedoch nicht auf ihrer Getränkekarte hatten: den »Jämmerling«.

Heimat+Hafen · Di–Do 19–1 Uhr, Fr, Sa 19–3 Uhr, bei Arminia-Heimspielen 2 Std. vor Spielbeginn
Stapenhorststraße 78 · 33615 Bielefeld · www.heimathafen-bielefeld.de

Zum Wohl! Cheers! Santé!

Sportlicher Spaziergang im Grünen

54

Handicap in Hanglage

»Golf ist ein Spaziergang mit Ärgernissen.« Liebhaber dieses Sports mögen Mark Twain zustimmen. Wer die Plackerei beim schwunghaften Flanieren begrenzen möchte, kann dies in einem der Golfclubs der Region tun. Im Radius von 50 Kilometern warten 20 Plätze. In Dornberg ist der Bielefelder Golfclub zu Hause.

Keine Frage: Golf ist alles andere als ein Volkssport. Dennoch grassierte in Bielefeld zeitweise so etwas wie Golffieber. Oder zumindest ein Fieberschub. Verantwortlich dafür war Martin Kaymer, Jahrhunderttalent und Weltranglistenerster, der von einem Bielefelder Unternehmen gesponsert wurde. Als Markenbotschafter trug er den Namen der Firma vier Jahre lang auf seiner Golfmütze in alle Welt, bis das Unternehmen sein Golfsponsoring einstellte. Als Kaymer 2009 bei einem großen Turnier auf der Bielefelder Anlage in Dornberg mitmischen sollte, verletzte er sich jedoch vorher unglücklich am Fuß. Zum Wettbewerb erschien er dennoch: Er verfolgte das Geschehen von einem Electrocar aus, einem golfspezifischen Fortbewegungsmittel.

▶ In Einsteigerkursen mit professionellem Golflehrer schlagen jeweils 3–6 Personen ihre ersten Bälle auf der sogenannten Driving Range.

Zu dieser Zeit hatte sich der Bielefelder Golfclub bereits vergrößert und verfügte nun über einen 18-Loch-Platz. Jahrelang mussten die Mitglieder mit weniger Vorlieb nehmen, durften aber mit dem Etikett »schönste 13-Loch-Anlage Deutschlands« werben.

Mit landschaftlichen Reizen geizte der Golfplatz im Teutoburger Wald noch nie. Mehrere Wasserhindernisse mit kleinen Schluchten und eine anspruchsvolle Hanglage gilt es zu bewältigen. Wenn es sportlich mal nicht laufen sollte, entschädigt der Ausblick auf die Hügellandschaft.

Hübsch ist auch das Clubhaus in einem restaurierten Bauernkotten aus dem Jahr 1839. Hier gibt es zur Stärkung Klassiker der italienischen Küche. An sonnigen Tagen lädt die Terrasse die Clubmitglieder zum Austausch über Greenfee, Birdie und Martin Kaymer ein.

Bielefelder Golfclub · Dornberger Straße 377 · 33619 Bielefeld · Tel. 0521/10 51 03
www.bielefelder-golfclub.de

Ein Ort mit Geschichte: die Radrennbahn

55

Aus der Bahn gefallen

Die Radrennbahn ist ein Denkmal. Ganz offiziell bereits seit 2012. Sie wird aber immer noch als Sportstätte genutzt. Radsportler drehen dort zu Trainingszwecken oder bei hochkarätig besetzten Steherrennen ihre Runden. Wenn das Wetter mitspielt.

Dieser Ort ist ein wenig aus der Zeit gefallen. Wo sich auf den Tribünen fröhlich das Unkraut vermehrt, haben vor etlichen Jahren noch Zehntausende begeisterte Besucher Steherrennen beigewohnt. Das ist eine ins Abseits geratene Disziplin des Bahnradsports mit speziellen Rennrädern und Motorrädern als »Schrittmacher«.

Es ist immer wieder faszinierend, bei einem der Rennen auf den Stufen zu sitzen, etwas von der ostwestfälischen Gastro-Vierfältigkeit (Kuchen, Bier, Bratwurst, Kaffee) zu genießen und sich vom Knattern der historischen Motorräder und dem Anblick der strampelnden Pedaleure berauschen zu lassen.

Am 14. Juni 1953 wurde die Bahn eingeweiht, als eine der modernsten, schnellsten Anlagen überhaupt. Bielefeld schien als Fahrradhochburg der passende Ort dafür zu sein. Doch als Transportmittel wurde das Fahrrad schon damals vom Auto überrundet – was auch die lokale Fahrradindustrie bald spüren sollte.

Von der Wirklichkeit überholt wurden auch Pläne der Stadt, an den Heeper Fichten weitere Sportstadien und Trainingsplätze anzusiedeln. Übrig blieb die nicht überdachte Radrennbahn. Und sie hatte alsbald mit finanziellen Problemen zu kämpfen. Witterungsbedingt gab es Ausfälle, das Interesse an Steherrennen sank. Auch andere Veranstaltungen mit prominenten Boxern, Basketballern, Pferden oder Militärmusikkapellen konnten nichts daran ändern, dass die Radrennbahn allmählich ins Abseits geriet.

Zum Glück setzt sich seit 2014 ein Förderverein für den Erhalt der Bahn ein. Er sammelt Spenden und organisiert Veranstaltungen, auf denen er den Besuchern die besondere Architektur und die Geschichte der Bahn näher bringt – und füllt so ein beeindruckendes Baudenkmal wieder mit Leben.

Radrennbahn · Heeper Straße · 33607 Bielefeld · www.radrennbahn-bielefeld.de

Celtic Glasgow lässt grüßen: ein Trikot der Lederkerle

Wenn Bierzelt Abseits ruft

In der Wilden Liga Bielefelds tummeln sich seit mehr als vier Jahrzehnten Fußballer jenseits des vom DFB organisierten Spielbetriebs. Nicht nur Studierende rackern in Mannschaften, die mit Namen wie »Oh Ah Cantona«, »Yokohama Sadomaso« oder »Arminia Bierzelt« gegeneinander antreten. Ohne Schiedsrichter, versteht sich.

»Abseits ist, wenn der letzte Mann ruft.« Es sind Regeln wie diese, die für Diskussionsstoff in der Wilden Liga sorgen. Vor über 40 Jahren haben sich Fußballfreunde zusammengetan, um ein selbstverwaltetes Ligaleben zu führen, in dem Unparteiische keinen Platz fanden. Zeitweise sorgten rund 50 Mannschaften für regen Spielbetrieb.

Familienväter, die gern sonntagvormittags ihre Spiele austragen, sehen sich mitunter einer jüngeren Klientel gegenüber, die sich direkt von einer Party zum Anstoß müht. Manch Profispieler aus dem regionalen Umland hat auch schon mal zum Spaß mitgekickt. Frauen dürfen natürlich auch mitmachen, wenngleich sich ihre Zahl bisher in Grenzen hielt.

Bielefeld ist eine der Hochburgen des sogenannten Alternativfußballs. Bunte Ligen gibt es auch in Aachen, Bremen, Freiburg oder Oldenburg – Bielefeld kann auf die längste Geschichte verweisen. Der politische Anspruch ist mit der Zeit in den Hintergrund getreten, der Freizeitspaß rückte in den Vordergrund. Die Liga ist und bleibt aber selbstverwaltet. Höchstes Entscheidungsgremium ist das Wilde-Liga-Plenum, das vom ehrenamtlichen Engagement der „Vornesitzer“ getragen wird. Dort wird traditionell rege über Regeln, Spielpläne, Pokalauslosung und diverse Vorkommnisse diskutiert.

»Um die Wurst« und »Souterrain« heißen die Ligen der Gegenwart. Die Spielergebnisse werden im Internet bekanntgegeben. In Zeiten, in denen es noch kein Word Wide Web gab, wurden sie in der (mittlerweile eingestellten) alternativen Bielefelder Wochenzeitung »StadtBlatt« veröffentlicht.

Die meisten Spiele tragen die Teams sonntags auf den Plätzen an der Radrennbahn aus. Zuschauer sind erwünscht. Aber bitte ohne Pfeife!

Wilde Liga · www.wilde-liga-bielefeld.de

57

Klönen am Roten Platz

Einfallsreichtum und Liebe zum Detail lohnen sich. Wo einst eine gewöhnliche Bäckereifiliale die Nachbarschaft mit klassischen Backwaren versorgte, eröffneten findige Kleinunternehmerinnen den »Bäckerplatz« in ganz neuem Design. Einerseits wandern Brot und Brötchen von einem ausgewählten Bielefelder Großbäcker über die Ladentheke, andererseits selbstgebackene Kuchen und Kekse. Die gern genutzten Sitzgelegenheiten im Café und vor der Tür zeigen: Der »Bäckerplatz« hat sich für viele Menschen rund um den Roten Platz zu einem generationenübergreifenden Treffpunkt entwickelt, der Klönen und Genießen aufs Schönste verbindet.

Bäckerplatz · Auf dem Calvinenfelde 25 · 33604 Bielefeld · Tel. 0521/208 47 12

58

Fußball trifft Expressionismus

Wo heute Fußballer dem Ball nachjagen, war früher ein Exerzierplatz. Später fanden an der Königsbrügge Radrennen vor Tausenden Besuchern statt. Bevor der heute vom TuS Eintracht Bielefeld genutzte Platz mit einem Kunstrasen ausgestattet wurde, war er für seine Schlacke-Rasen-Mischung berüchtigt. Nicht nur Philipp Köster, der Gründer des Fußballmagazins »11 Freunde«, hat hier seine ersten Grätschversuche unternommen.

Der Platz gehört zu der unter Denkmalschutz stehenden Siedlung Königsbrügge, die durch ihre vom Expressionismus geprägte Architektur der Zwanzigerjahre ins Auge fällt – besonders das große Torhaus an der westlichen Platzseite.

Königsbrügge · 33604 Bielefeld · www.fussball.tus-eintracht.de

Oben: Nicht einfach nur eine Bäckerei
Unten: Gleich nebenan: die Königsbrügge

59

Sport mit Nadelholz

Die Rußheide ist ein Kind der Sechzigerjahre. Das Stadion, das heute Hobbysportler, Amateure und Profisportler gleichermaßen nutzen, wurde 1968 mit einem Sportfest eingeweiht. Der Ort lebt auch von seiner Geschichte.

Ulrike Meyfarth war gerade 16 Jahre alt, als sie 1972 bei den Olympischen Spielen in München sensationell die Goldmedaille im Hochsprung gewann. Wenige Wochen vor ihrem Triumph hatte sie noch an den Deutschen Jugendmeisterschaften teilgenommen, die in der Bielefelder Sportstätte Rußheide stattfanden. Augenzeugen erinnern sich noch daran, dass sich der Wettbewerb immer mehr in die Länge zog, weil Meyfarth mühelos Höhe um Höhe bewältigte.

Leichtathletik ist eine der Sportarten, die heute in dem offiziell Bezirkssportanlage Rußheide genannten Multifunktionsstadion zu Hause sind. Nicht

nur Sportler verschiedener Vereine trainieren hier das Laufen, Springen oder Werfen. Es werden auch Übungen für das Deutsche Sportabzeichen abgenommen. Dabei muss sich manch ein Teilnehmer Expertentipps der Kontrolleure gefallen lassen: »Du musst den Ellenbogen im 90-Grad-Winkel vom Körper abspreizen, Junge!«

Vor Zurufen von der Tribüne sind auch die Kicker des VfB Fichte Bielefeld und die U23 des DSC Arminia Bielefeld nicht gefeit, die in der Rußheide ihre Heimspiele austragen – ebenso übrigens wie das American-Football-Team der Bielefeld Bulldogs.

Wie es sich für ein waschechtes Stadion gehört, gibt es auch eine Gaststätte. Betrieben wird sie vom Sportverein VfB Fichte. Der Name der Cafeteria »Nadelholz« hat seinen Ursprung in einem Anfeuerungsruf von Fichte-Fans: »Fichte, Tanne, Nadelholz« schallt es durchs Stadion, wenn die Fichteraner irgendwo zwischen Bezirks- und Westfalenliga ihr fußballerisches Glück suchen.

12 000 Zuschauer passen theoretisch ins Stadion. Sicherheitsbestimmungen lassen bei einigen Veranstaltungen aber keine volle Auslastung zu. Auf der überdachten Haupttribüne finden fast 2000 Menschen Platz.

Bezirkssportanlage Rußheide · Mühlenstraße 121 · 33607 Bielefeld

Grätschen, Springen, Tore schießen: der Eingang zum Multifunktionsstadion

60

Schwimmen durch Bürgerentscheid

In den vergangenen Jahren haben sich die Bielefelder von einigen überdachten und unüberdachten Orten für den Wassersport verabschieden müssen. Das kleinere Freibad Gadderbaum ist ihnen erhalten geblieben – dank eines vieldiskutierten Bürgerentscheids.

»Soll das Freibad Gadderbaum teilsaniert werden mit Becken, Rohrsystem, Badtechnik und Solarabsorberanlage, und soll der Rat der Stadt Bielefeld die Vertreter der Stadt Bielefeld im Aufsichtsrat der Bielefelder Bäder und Freizeit GmbH (BBF) anweisen, dies zu beschließen, sowie auch die Vertreter in der Gesellschafterversammlung der BBVG mbH anweisen, die Gesellschaftervertreterin in der Gesellschafterversammlung der Stadtwerke Bielefeld GmbH anzuweisen, ihrerseits den Vertreter in der Gesellschafterversammlung der BBF GmbH anzuweisen, dies ebenso zu beschließen?«

Diese im schönsten Verwaltungsdeutsch formulierte Frage durften die Bielefelder beantworten – im Rahmen eines Bürgerbegehrens am 22. September 2013. Am Tag der Bundestagswahl war eine hohe Wahlbeteiligung sicher. 50,1 Prozent der Bielefelder sprachen sich für die Sanierung aus, obwohl sich im Vorfeld fast alle politischen Parteien mit Verweis auf den enormen Schuldenstand der Stadt dagegen gewandt hatten. Ein Förderverein machte sich für den Erhalt des Freibads stark, das zuvor aufgrund erheblicher Mängel geschlossen worden war. Freibadchöre drangen zu Politikerohren, Protestplakate prägten den Stadtteil Gadderbaum. Auch die Strickguerilla warb farbenfroh für das Bad. So wurden mehr als 13 000 Unterschriften für das Bürgerbegehren gesammelt.

Fast drei Jahre später eröffnete das sanierte Freibad. Im Gegensatz zu den großen Spaßbädern wartet es mit einem überschaubaren Schwimmer- und Kinderbereich auf. Rutsche und Sprungturm fehlen dennoch nicht. Ein Kiosk versorgt Besucher mit den üblichen Stärkungen, an Wochenenden auch mit Mittagsmahlzeiten und Kuchen. Wer surfen möchte, kann das auf der Liegewiese tun: Im gesamten Bad gibt es freies WLAN.

Freibad Gadderbaum · Mo–Fr 12–19 Uhr, Sa, So ab Uhr 10, bei schlechtem Wetter 17–19 Uhr, Schulferien ab 10 Uhr · Im Holschebruch 7 · 33617 Bielefeld · www.freibad-gadderbaum.com

Badespaß nicht nur für die Kleinen: das Freibad Gadderbaum nach der Renovierung

Neubau mit bewährtem Motto: die Brockensammlung

… auf, dass nichts umkomme

61

Seit 1890 sammelt Bethel Brocken, also Sachspenden aller Art. Über 125 Jahre war der Saronweg 10 die Adresse für Schnäppchenjäger. Die Brockensammlung ist mittlerweile in einen Neubau gezogen, der mit 1000 Quadratmetern Verkaufsfläche aufwartet.

Nach einer Überlieferung geht die Gründung der Brockensammlung auf eine Idee des in Bethel lebenden Karl Schnitger zurück. Der soll sich darüber echauffiert haben, dass zu viele Dinge einfach im Müll landen, obwohl sie durchaus noch zu gebrauchen seien. Auf seine Anregung hin soll Pastor Friedrich von Bodelschwingh 1890 den Aufruf »Sammelt die übrigen Brocken, auf dass nichts umkomme« (Joh. 6,12) verfasst haben. Die Menschen aus Bielefeld und Umgebung wurden gebeten, ausgediente Kleider, Bilder, Münzen und ähnliche Dinge nach Bethel zu schicken.

Aus der ursprünglichen Idee der Brockensammlung ist im Laufe der Zeit ein gut sortierter Second-Hand-Verkauf erwachsen, dessen Erlöse der von Bodelschwinghschen Stiftung Bethel zugutekommen. Zum umfangreichen Sortiment gehören Bekleidungsstücke, aber auch Haushaltswaren, Möbel, Bücher, Schallplatten, Antiquitäten oder Schmuck. Als Mitglied im Dachverband »FairWertung« verpflichtet sich die Brockensammlung dabei zur sozial- und umweltverträglichen Kleidersammlung und -vermarktung.

Der Neubau beherbergt alle Läden und die Spendenannahme der Brockensammlung. An dem grundlegenden Konzept hat sich nichts geändert: Damals wie heute ist das oben zitierte Bibelwort aus dem Neuen Testament das Leitmotiv der Arbeit. Es ziert auch die Fassade des Hauses.

Eine wichtige Bedeutung hat die »Brosa« auch als Arbeitsstätte für mehr als 40 Menschen in Bethel. Sie nehmen Sachspenden an, sortieren und verkaufen sie. Der barrierefreie Neubau erleichtert viele Abläufe von der Anlieferung über die Lagerung bis zum Verkauf, sodass in Zukunft weitere Beschäftigungsmöglichkeiten für behinderte, benachteiligte und psychisch kranke Menschen entstehen können.

Brockensammlung · Mo–Do 9–17 Uhr, Fr 9–18 Uhr · An der Tonkuhle 1 · 33617 Bielefeld
www.brockensammlung-bethel.de

62

Es klappert die Mühle

Ein verwinkeltes Café mit grünem Biergarten und Teichanbindung. Kleine Ateliers verkaufen die schönen Dinge des Lebens. Auch treffen sich Traktorenfreunde. Die Alte Wassermühle zu Bentrup ist ein Ausflugsziel für viele.

Ein idyllischer Ort am Rande der Stadt. Eine alte Mühle mit Gartenwiese, plätscherndem Wasser, gemütlichem Café, Biergarten und kleinen Läden im Kornspeicher. Hier könnte der Redaktionssitz des Magazins »Landlust« sein.

Die Bentruper Mühle hat etliche Jahrzehnte auf dem Buckel. Anton Meyer zu Bentrup erbaute sie im Jahr 1785 am Wasserlauf der »Windwehe«. 1938 wurde die Wassermühle vergrößert, um neuesten technischen und wirtschaftlichen Ansprüchen zu genügen. Der Müller hatte zwei Standbeine: den Mühlenbetrieb und die Dreschmaschine in der angebauten Scheune. Wie der Arbeitsalltag früher aussah, können Besucher heute im Rahmen von Führungen nachvollziehen.

Spuren der Vergangenheit tauchen auch an überraschender Stelle auf. Die alten Schienenschwellen der Bielefelder Kleinbahn, die 1909–22 von Bielefeld über Heepen nach Brönninghausen bis zum »Runkelkrug« gondelte, fanden als Balken und Stützen in der Scheune Verwendung.

Wo einst die Bauern ihr Korn trockneten, kann heute gefeiert werden. Die alte Scheune wird für Geburtstage, Jubiläen, Hochzeiten und Firmenevents genutzt. Die alte Mühle ist am Wochenende Ziel mancher Radtour. Sonn- und feiertags können sich die Ausflügler im Mühlencafé erholen.

Wer etwas mitbringen möchte, kann in den kleinen Ateliers vorbeischauen, die in der Mühle sogar samstags und sonntags geöffnet haben. Dort gibt es unter anderem Floristik und Kunsthandwerk, Taschen und Deko-Artikel, Wein und Schokolade.

Die alte Mühle ist außerdem ein Veranstaltungsort, an dem gelegentlich Konzerte stattfinden. Große Feiern mit historischen Landmaschinen hat es auch schon gegeben. Der treffende Name des Trecker-Treffens: »Landlust«.

Alte Wassermühle zu Bentrup · Salzufler Straße 145 · 33719 Bielefeld · Tel. 0521/557 57 20
Mühlencafé So 13–18 Uhr, Ateliers Sa, So 13–18 Uhr · Haltestelle Bentrup, Buslinie 351

In der Alten Wassermühle gibt es kleine Ateliers und einiges mehr.

Japan lässt durchblicken: ein Garten der betrachtenden Art

63

Garten für die Augen

»Kare san sui« heißt übersetzt »trockene Landschaft«. Bezeichnet wird damit ein japanischer Steingarten, eine Sonderform des japanischen Gartens. Angelegt hat ihn die Deutsch-Japanische Gesellschaft Bielefeld.

Seit 2003 gibt es im Stadtteil Gadderbaum den Japanischen Garten. Bereits beim ersten Blick fällt er aus dem Rahmen. Als Betrachtungsgarten konzipiert, wandelt der Besucher nicht durch die Landschaft, sondern erschließt sie ausschließlich mit den Augen. Das Eingangstor aus Holz, das den Eingang zum Himmel symbolisiert, wird daher auch nur selten geöffnet. Das Gartenportal und die Mauerfenster lassen dennoch auch für Außenstehende ausgiebige Einblicke zu.

Die Anlage wurde in Anlehnung an die Regeln der Zen-Gärten im Stil der frühen Edo-Zeit, Anfang des 17. Jahrhunderts, geschaffen. 40 Tonnen Fels, 30 Tonnen Kies, 120 Gehölze und zahlreiche Stauden verteilen sich auf der 750 Quadratmeter großen Fläche.

Der Trockenlandschaftsgarten entstand vor dem Tagungszentrum Lindenhof in Kooperation mit den von Bodelschwingh'schen Anstalten Bethel als Grundstückseigentümerin und der Deutsch-Japanischen Gesellschaft als Bauherrin. 2003 wurde er feierlich eingeweiht. Anlass war das zehnte Besuchsjubiläum des japanischen Kaiserpaares in Bielefeld. Der Garten ist dem Paar auch gewidmet.

Die Miniaturlandschaft ist eng mit der japanischen Philosophie und Geschichte verbunden. Einerseits emotional, andererseits formal. Ein Besuch ist das ganze Jahr über möglich – und reizvoll. Besonders schön ist es, wenn im Frühjahr die Kirschen und Azaleen blühen. Im Herbst sorgen japanische Ahorne und Kirschen für ein reizvolles Farbenspiel.

Der Garten dient darüber hinaus als Begegnungsstätte. Er bietet zudem eine herrliche Kulisse für Hochzeitsfotos und Raum für ausgefallene Inszenierungen.

Japanischer Garten · Quellenhofweg 125 · 33617 Bielefeld · Tel. 0521/164 01 65
www.djg-bielefeld.de · Haltestelle Lindenhof, Buslinie 121

64

Klettern am Schweinekamin

Ein Steinbruch aus feinem Sandstein im Teutoburger Wald weckt alpine Gefühle. Kletternovizen wie Profikraxler können sich am Halleluja-Steinbruch nach Lust und Laune austoben. Mancher wächst gar über sich hinaus.

Nicht schwindelfreien Spaziergängern kann beim Blick in die Tiefe schon mal schummrig werden. Der Halleluja-Steinbruch liegt mitten im Wald am Rande eines Wanderweges. Wenn er im Frühjahr nicht wegen brütender Tiere gesperrt ist, nutzen kleine wie große Kletterer den Ort, um Felswände zu erklimmen.

Über 70 Kletterrouten unterschiedlicher Schwierigkeitsgrade bietet der kleine Steinbruch mit einer maximalen Felshöhe von 15 Metern. Selbst weniger kletteraffine Menschen dürften an Namen wie »Grüner Wackelpeter«, »Ponyhof«, »Dünnbrettbohrer«, »Schweinekamin«, »Geier kennen kein Erbarmen« oder »Schnapskante« ihre Freude haben.

▶ **Der Kletterführer von Nina Höltkemeier bietet einen guten Überblick über Routen vom 3. bis 10. Grad. Kostenloser Download unter www.hallelujasteinbruch.jimdo.com**

Der Steinbruch befindet sich auf dem Gelände der von Bodelschwinghschen Anstalten Bethel im Stadtteil Gadderbaum. Parkplatz und Bushaltestelle sind ein paar Gehminuten entfernt am Haus Salem. Wer dem Forstweg folgt, gelangt direkt zum Steinbruch, der von der Sektion des Deutschen Alpenvereins Bielefeld betreut wird. Zu beachten sind ein paar Kletterregeln sowie befristete Sperren im Frühjahr. Informationen dazu gibt es auf der Internetseite des Alpenvereins Bielefeld.

Der Steinbruch ist auch für Kinder geeignet. Der Bielefelder Verein »Natursinn« bietet spezielle Klettertage für sie an, bei denen man alle Dimensionen des Kletterns und Kraxelns an Seil und Baum mit der dazugehörigen Sicherungstechnik ausprobieren kann. Auch die Naturfreundejugend Bielefeld veranstaltet im Steinbruch regelmäßig Schnupperklettern für Kinder und Jugendliche.

Halleluja-Steinbruch beim Haus Salem · Bodelschwinghstraße 181 · 33647 Bielefeld
www.alpenverein-bielefeld.de · Haltestelle Haus Salem, Buslinie 36, 121

Mehr als 70 Kletterrouten: vom »Grünen Wackelpeter« bis zur »Schnapskante«

Heiraten und vieles mehr: die Alte Vogtei in Heepen

Galerie zum Ja-Wort

65

Eines der schönsten Häuser Heepens ist nicht nur eine kulturelle Begegnungsstätte, sondern auch ein Ort für Ja-Sager. Heiratswillige können sich in der Alten Vogtei standesamtlich trauen lassen und mit Freunden und Bekannten unvergessliche Stunden erleben.

Hinter dem Fachwerkhaus wartet ein kleiner Garten auf Sektkorken und Jubelrufe. Die weiße Bank schreit förmlich danach, von Hochzeitsgesellschaften für Erinnerungsbilder genutzt zu werden.

Seit dem Jahr 2000 zählt die Alte Vogtei zu den Bielefelder Trau-Dich-Orten. Von der Sparrenburg über das Museum Huelsmann und das Heimathaus Senne bis zur SchücoArena können sich Paare das Ja-Wort geben. Mit ihren 15 Sitzplätzen und 25 Stehplätzen im Galerieraum hat sich die Alte Vogtei zum echten Geheimtipp für kleinere Hochzeitsgesellschaften entwickelt. Kein Wunder, bietet die Geschichte des Hauses doch den angemessenen Rahmen für Denk- und Erinnerungswürdiges. Das letzte erhaltene Fachwerkhaus im Zentrum des Stadtteils, Einheimischen auch als »langer Jammer« bekannt, beherbergte früher den Amtssitz der Vögte.

Über die Entstehungszeit des Gebäudes gibt es mehrere Versionen. Manche gehen vom Jahr 1667 aus, andere halten es für wahrscheinlicher, dass es in seiner heutigen Form erst zu Beginn des 19. Jahrhunderts entstand. So oder so: Schön anzusehen ist das Haus nach der Renovierung 1986 allemal. Heepen, das älter ist als die Stadt Bielefeld und erst 1973 im Rahmen der kommunalen Neuordnung durch das sogenannte Bielefeld-Gesetz eingemeindet wurde, feierte damals sein 950-jähriges Bestehen.

Wo früher Verwaltungskräfte oder Gasthausbesucher sich die Klinke in die Hand gaben, befinden sich mittlerweile die Stadtteilbibliothek, kleinere Geschäfte sowie die Galerie, die auch Platz für Eheschließungen bietet. Ebenfalls im Gebäude untergebracht ist die Heimatstube des Heimat- und Geschichtsvereins Heepen. Außerdem füllen mehrere Gruppen das Haus mit Leben.

Alte Vogtei · Heeper Straße 442 · 33719 Bielefeld · Infos zu Eheschließungen beim Standesamt Bielefeld (Tel. 0521/51-0)

Graben, pflanzen, ernten: Urban Gardening in Reinkultur

66

Grabeland

In großen Städten gibt es neben Kleingartenanlagen auch häufig Grabeland. Die Stadt Bielefeld verpachtet davon rund 300 000 Quadratmeter. Die Grabelandflächen sind im gesamten Stadtgebiet verteilt, die meisten liegen in Schildesche.

Das Bundeskleingartengesetz erklärt freundlicherweise, was kein Kleingarten ist. In dieser Aufzählung taucht auch das »Grabeland« auf: ein Grundstück, das vertraglich nur mit einjährigen Pflanzen bestellt werden darf.

Manche Familien nutzen seit Generationen Grabeland, um dort Obst und Gemüse anzubauen. Aber auch Gruppen wie »Transition Town«, die sich als Energie- und Kulturwende-Initiative für ein nachhaltiges Leben und Wirtschaften einsetzt, gärtnern dort. Grabeland gibt es an ganz unterschiedlichen Orten, zum Beispiel in attraktiver Waldlage oder am Fußballstadion.

Auch wenn es lockerer als im Kleingartenverein zugeht, gelten für das Grabeland ebenfalls Regeln. So dürfen die Parzellen ausschließlich hobbygärtnerisch genutzt werden. Es gibt weder Strom noch Fließendwasser. Ein Geräteschuppen zur Aufbewahrung von Gartenwerkzeug darf in Abstimmung mit der Stadtverwaltung errichtet werden.

Kein Wasser, kein Strom, keine Schlafplätze klingen nach viel Arbeit und wenig Vergnügen. Wer jedoch durchs Grabeland streift, kann manche Traumgärten entdecken: bunte Obst- und Gemüsevielfalt, kunstvoll angelegte Beete und naturnahe Kinderspielplätze. Neben Anlagen, in denen sich Bielefelder ihr kleines Stück Glück ergärtnern, gibt es auch vergessene und verwunschene Grundstücke, in denen sich Maulwürfe und Wühlmäuse wohlfühlen.

Manche Grabelandpächter schießen jedoch übers Ziel hinaus. Nach einem Brand, der nur durch einen kostspieligen Großeinsatz der Feuerwehr zu bändigen war, kontrollierte die Stadt Parzelle für Parzelle. In einem Schreiben an alle Pächter wurden anschließend einige Vergehen moniert. Sie reichten von der Unterkellerung mit Sauna über die Haltung diverser Tierarten bis zur professionellen Installation von Holzöfen.

Grabeland · www.bielefeld.de/de/rv/ds_stadtverwaltung/isb/vgr/

Zum Selbergenießen oder Verschenken: feine Kost von »werkhand«

67

Ketchup der Saison

Ein kleines Ladenlokal nahe des Ostparks. Hinter dem Schaufenster viele Gläser mit selbstgemachten Tomatensaucen, Ketchups, Gewürzen und Senf. Allerlei Delikatessen, die es zum Eigenbedarf oder gleich als hübsch verpacktes Geschenk zu kaufen gibt.

»werkhand« nennt sich die kleine Feinkostmanufaktur. Sie versteht sich als Gegenentwurf zur industriellen Feinkostfertigung. Inhaberin Sylke Pilk stellt vor den Augen der Kunden selbst Saucen, Dips und saisonale Produkte wie Erdbeer-Aceto-Gelee oder Bärlauchsenf her.

Natürlich, handgefertigt, saisonal, regional: Diese Attribute hat sich das Geschäft auf die Fahnen geschrieben. Die meisten Zutaten bezieht die Inhaberin nach Möglichkeit aus der Region, nicht nur Lebensmittel, sondern auch Verpackungen und andere Materialien. Großen Wert legt sie auf Frische. Tomaten verarbeitet sie beispielsweise nur, solange sie regional auch verfügbar sind. Zusatzstoffe haben generell Hausverbot; das gilt für Geschmacksverstärker, Farbstoffe und Konservierungsmittel. Haltbar gemacht werden die Lebensmittel stattdessen mit bewährten Methoden wie dem Einkochen. Überhaupt sind viele Rezepte durch Großmutters Küche inspiriert. In zeitgemäßer Form finden sie wieder zurück auf den Teller.

In regelmäßigen Kochabenden verrät Sylke Pilk Tipps und Kniffe für die heimische Küche. Dabei können die Teilnehmer erfahren, wie sich aus vermeintlich wertlosen Zutaten wie altem Brot oder Unkraut schmackhafte Gerichte zaubern lassen. Die Abende haben unterschiedliche thematische Schwerpunkte, die von Pizza über Dips bis zu Tartes reichen.

Die »werkhand«-Inhaberin unterstützt die Slow-Food-Bewegung, die es sich zur Aufgabe gemacht hat, die Kultur des Essens und Trinkens als magen- und seelenbekömmlichen Genuss zu pflegen. Neben selbsthergestellten Produkten können Kundinnen und Kunden in dem Geschäft dazu passende Feinkostartikel wie Pasta oder Wein erwerben. Unterschiedliche Geschenkkörbe sind ebenfalls im Angebot.

werkhand – die genussmacher · Di, Mi, Fr 10–18.30 Uhr, Do 14–18.30 Uhr, Sa 10–13 Uhr
Ehlentruper Weg 60 · 33604 Bielefeld · www.werkhand-online.de

68

Campen mit Badeaussicht

Wo treffen Ostwestfalen auf Niederländer? Zwischen Wald und Bundesstraße im Campingpark Bielefeld. Zum vielseitigen Freizeitspaß gesellt sich als ziemlich nasses Vergnügen ein großer Badesee.

Campen in Bielefeld? Mancher mag die Augenbrauen hochziehen, rangiert die Stadt doch als Urlaubsziel irgendwo zwischen Castrop-Rauxel und Grönland. Doch wenn man bedenkt, dass sich andernorts auch Campingplätze in unmittelbarer Nähe zu einem Kohlekraftwerk und an einer vielbefahrenen Autobahn enormer Popularität erfreuen, dann braucht sich die Anlage in Bielefeld nicht zu verstecken. Ganz im Gegenteil.

Der Campingpark schmiegt sich an den Südhang des Teutoburger Waldes und spricht Schattensucher wie Sonnenhungrige gleichermaßen an. Ganzjährig geöffnet, wird er zum einen von Dauercampern aus der Region genutzt, aber auch von Gästen aus ferneren Gefilden. Nicht selten übernachten Niederländer – Reisende aus dem Nachbarland zählen seit einigen Jahren zu der größten Touristengruppe Bielefelds.

Die Besucher nutzen die Wander- und Radwege der Hügellandschaft und genießen auch die klassischen Camperfreuden: Biergarten, Minigolf und Hofladen mit direkter Brötchenanbindung.

Eine weitere Attraktion verdankt der Drei-Sterne-Campingplatz dem Ausbau der A 33 – ein ostwestfälisches Jahrhundertprojekt, das vielleicht noch vor dem Großflughafen im Brandenburger Sand fertiggestellt wird. Da für die Autobahnerweiterung eine ganze Menge Sand benötigt wird, entsteht in unmittelbarer Nähe zum Campingpark ein großer Badesee. Mit einer Oberfläche von mehr als fünf Hektar darf er sich als zweitgrößte Wasseransammlung Bielefelds fühlen; Nr. 1 ist der Obersee in Schildesche. 2017 oder 2018 soll der See badefertig sein. Das Vergnügen wird ausschließlich den Campinggästen vorbehalten sein. Mit dieser Regelung möchte die Stadt eine Konkurrenz zum Naturbad Brackwede vermeiden.

Campingpark Meyer zu Bentrup · Vogelweide 2 · 33649 Bielefeld · Tel. 0521/459 22 33
www.camping-bielefeld.de

Entspannung am Südhang des Teutoburger Waldes

Ausgehziel mit Kleinkunstbühne: die Gaststätte Zweischlingen

69

Pause am Schlagbaum

Das »Zweischlingen« ist die vergleichsweise weite Anfahrt aus der Innenstadt wert. Denn in der Gaststätte am Rande der Stadt gibt es neben Kulturveranstaltungen auch Disco-Stunden für Groß und Klein, Tanzkurse, gutes Essen und ein familienfreundliches Sonntagsfrühstück.

Hennes Bender hat hier eine Live-DVD aufgenommen. Atze Schröder, Marc-Uwe Kling, Mirja Boes waren auch schon da. Die bekannte WDR-Reihe »Nightwash« ist regelmäßig zu Gast. In deutschen Kleinkunstkreisen ist das »Zweischlingen« eine feste Größe. Es gibt kaum einen namhaften Künstler, der noch nicht auf der Bühne mit Backsteincharme sein Bestes gab.

Während im Saal Kabarettisten und Stand-up-Comedians am Samstagabend für gute Laune sorgen, sind auch die Gaststätte und der Biergarten unter den alten Linden – fraglos einer der schönsten der Stadt – gut frequentiert. Das »Zweischlingen« serviert jedoch mehr als kurze Lacher und knackiges Essen: Das Disco-Programm sorgt für Bewegung sowohl bei den Kleinsten (Kinder-Disco!) als auch den Älteren, die in angenehmer Atmosphäre zu Songs jenseits der Charts- und Technowelt tanzen wollen. Außerdem gibt es Salsa-Kurse für Anfänger und Fortgeschrittene. Beliebt ist das Frühstücksbuffet am Sonntagsvormittag: Kinderbetreuung im Veranstaltungssaal lässt den Erziehungsberechtigten Zeit für entspanntes Eierköpfen.

In seiner bewegten Geschichte ist das »Zweischlingen« Ausflugslokal, Tagungsort, Begegnungsstätte, Restaurant, Discothek und Kulturzentrum gewesen. Die Wurzeln reichen zurück bis ins Jahr 1835. An der heutigen Schlingenstraße gewährten damals so genannte Schlingen, das heißt Schlagbäume, Fuhrwerken erst nach Zahlung eines Wegezolls die Durchfahrt. Einem Mann namens Bentruperbäume war die Tätigkeit als Zolleintreiber aber nicht genug. Er wollte Reisende, die den Teutoburger Wald durchqueren mussten, ein zweites Mal zur Kasse bitten – und eröffnete eine Schankwirtschaft, die älteste Gaststätte Quelles.

Zweischlingen Gastronomie · Osnabrücker Straße 200 · Tel. 0521/404 20 59
www.zweischlingen-gastro.de

70

Bei Tibet-Helmut

Für traditionelles Fast Food wie Frikadellen und Currywurst hat es schon bessere Zeiten gegeben. Doch gibt es zum Glück noch ein paar klassische Imbissstuben wie den Grill »Bei Helmut« in Quelle. Sein besonderes Erkennungszeichen ist die Tibet-Fahne vor dem Holzhaus.

»Helmut, der Fürst der Fritteuse, hat für jeden seiner Gäste einen fröhlichen Satz parat.« Das schreiben die »Bielefelder Flaneure« auf ihrer Webseite. Stammgäste des Grill-Imbiss können den Satz unterstreichen, ist doch die herzliche Art des Besitzers ein Grund, immer wieder einzukehren.

Die Flaneure sind eine ausgehfreudige Gruppe lebenserfahrener Bielefelder, die seit mehreren Jahren den Verästelungen der lokalen Gaststättenkultur folgen und ihre Erlebnisse erfreulicherweise für die Nachwelt festhalten. Der mobile, ebenso höfliche wie neugierige Stammtisch sucht Imbissbuden, Eckkneipen und Trinkstuben auf. Die Besuchsdokumentation im Internet in Wort und Bild inspiriert zum Selberausprobieren.

Der seit den 1970er-Jahren existierende Grill-Imbiss »Bei Helmut« darf in ihrer Sammlung natürlich nicht fehlen. Im Holzhäuschen am Kreisverkehr, nur ein paar Meter vom Naturfreibad Brackwede entfernt, verkauft Helmut all jene Köstlichkeiten, die durch ein ausgiebiges Bad im Frittierfett oder den Kontakt mit Grillrost entstehen. »Unser Renner: Jägerschnitzel – sehr gustiös« verspricht ein Schild hinter der Theke, über die auch Pommes, Bratwurst, Currywurst, Schnitzel oder Kartoffelsalat wandern. Nicht nur Menschen aus der Nachbarschaft nehmen das ausgiebige Sättigungsangebot gerne wahr, auch vom nahe gelegenen Campingplatz kommt hungrige Kundschaft.

Wer den Blick wandern lässt, erkennt sofort, warum der Inhaber auch unter dem Spitznamen »Tibet-Helmut« bekannt ist. In der selbsterrichteten Hütte sammeln sich diverse Erinnerungen an vergangene Tibet-Reisen, darunter einige Fotografien. Wer es sich draußen am Holztisch schmecken lässt, sitzt unter einer flatternden Tibet-Fahne.

Grill-Imbiss »Bei Helmut« · Carl-Severing-Straße 63 · 33649 Bielefeld · Tel. 0521/45 06 49
www.bielefelder-flaneure.de

Lohnendes Ziel für Imbissflaneure

Oben: Bielefelds einzige natürliche Höhle liegt abseits begehbarer Wege im Naturschutzgebiet.
Unten: Fünffaches Gebäudeensemble: der Museumshof Senne

71

Zwergenhöhle

Auch wenn man sie nicht besuchen kann: Die Zwergenhöhle ist die einzige bekannte natürliche Höhle der Stadt, wenngleich sie mit einer Länge von zehn Metern nicht gerade riesig ausfällt. Entdeckt und erkundet wurde sie im Jahr 1887. Im Naturschutzgebiet Östlicher Teutoburger Wald im Stadtbezirk Senne gelegen, ist die Höhle heute als Naturdenkmal geschützt. Fledermäuse nutzen sie in der kalten Jahreszeit als Quartier. Abseits von erlaubten Wegen wird die Zwergenhöhle am Jostmeiers Berg meist von Wanderern links liegen gelassen. Dafür gewährt der Gipfel des Berges eine schöne Aussicht auf Sennestadt.

Zwergenhöhle · Wandertipp: Vom Buschkamp zum Kamm des Teutoburger Walds, Wanderweg A 4

72

Senne historisch und kulinarisch

Der Museumshof Senne, versteckt in einem kleinen Waldstück liegend, besteht aus fünf historischen Fachwerkhäusern, erbaut von 1607 bis 1903, die für die Besiedlung der Senne stehen. Die »Auberge le Concarneau« und das »Historische Gasthaus Buschkamp« laden zum entspannten Essen ein. Das Handwerkerhaus gewährt Einblick in das traditionelle Handwerk der Region. Einen Besuch wert sind außerdem Backspeicher, Bier- und Bauerngarten. Auch findet in diesem Freilichtmuseum manch rauschendes Fest statt. Kaum zu glauben, dass das historische Gebäudeensemble Ende der 1950er-Jahre abgerissen werden sollte, um Platz für die »autogerechte Stadt« zu machen.

Museumshof Senne · Buschkampstraße 75 · 33659 Bielefeld · Tel. 0521/49 28 00
www.museumshof-senne.de

73 Jeans – ganz aus Bielefeld

Wenn Blue Jeans grün ausfallen, muss kein Waschmittel im Spiel sein. Dafür aber ein kleines Unternehmen aus Bielefeld, das vor Ort nach Öko-Prinzipien produziert. Einfach die gewünschte Jeans per Telefon oder Internet beim Hersteller bestellen!

Sie tragen viel versprechende Namen wie »Blaues Glück«, »Stiefelknecht«, »Freudentanz«, »Für alle Fälle«, »Kraftpaket« oder »Sonnenkind«. Die Upstream GmbH stellt unter dem Label »Geniestreich« Jeanshosen in Bio-Qualität her. Und zwar nicht irgendwo, sondern in Bielefeld.

Der Anstoß zur Gründung des Unternehmens war der Brand einer Textilfabrik in Bangladesch. Der Diplom-Kaufmann Andreas Güntzel war schockiert, als die Medien über die menschenunwürdigen Umstände berichteten, unter denen dort Kleidungsstücke für unseren Markt produziert wurden. Bei der Suche nach einer in Deutschland gefertigten Jeans musste er feststellen: Derlei gibt es kaum. Kurzerhand gründete er ein eigenes Unternehmen, in dem sich alles um schöne und zugleich ökologische Jeanshosen dreht.

Das eigene Wohnhaus dient zugleich als Produktionsstätte, Büro und Lager. Zu Anfang bot Geniestreich je zwei Herren- und Damenschnitte in den gängigen Größen an. Mittlerweile haben sie reichlich Zuwachs bekommen. Darüber hinaus gibt es im Rahmen der »Nur für dich«-Kollektion maßgefertigte Hosen. Sogar Nähte, Stoffe oder Farbe können ausgesucht werden.

Wofür sich die Kunden auch immer entscheiden, die Hosen bleiben während der ganzen Produktion in Bielefeld. Vom Zuschnitt bis zur Qualitätskontrolle findet alles vor Ort statt. Die Rohstoffe sind zertifiziert, darunter nach den Standards GOTS (Global Organic Textile Standard) und OekoTex. Der hauptsächlich verwendete Denim-Stoff kommt aus der Türkei.

Passend zu den Jeans werden auch modische T-Shirts, Laptop- oder Einkaufstaschen verkauft. Die Bestellung erfolgt einfach per Telefon, E-Mail, Internet oder direkt in der Manufaktur, wo die Jeans auch anprobiert werden können.

Geniestreich/Upstream GmbH · Mo–Fr 9–18 Uhr · Luzerner Straße 6 · 33649 Bielefeld
Tel. 0521/42 82 15 6 · www.geniestreich-jeans.de

Ein Geniestreich: die Bielefeld-Jeans

Naturnähe und Kunst: der Sennefriedhof

Der Schönste im ganzen Land

74

Bielefeld ist mit Superlativen nicht wirklich reich gesegnet. Dafür kann sich die Stadt des schönsten Friedhofs in Deutschland rühmen. Mit diesem Titel ist der Sennefriedhof bedacht worden – bei der Wahl eines großen Onlineportals der Branche.

Eine Einschränkung vorweg: Der Titel ist nicht von ewiger Dauer. Bielefeld erhielt die Auszeichnung 2015. In den Vorjahren waren Friedhöfe aus Münster, Nürnberg, Hamburg und Dresden mit dem Bestattungen.de-Award ausgezeichnet worden. Die Jury besteht aus Experten unterschiedlicher Herkunft. Sie kommen aus der Palliativmedizin und der Trauerbegleitung, aus Kirchen und der Kunst. 2015 weilte übrigens auch der Kabarettist »Der Tod« unter ihnen. Ziel des Branchenpreises ist es, die hiesige Bestattungs- und Trauerkultur zu fördern.

»Viele Jahrzehnte, vielleicht Jahrhunderte hindurch wird der neue Gottesacker der Bestattungsort für die Bürger unserer Stadt sein. Neben müden Erdenpilgern, die die Last der Jahre drückt und die sich nach der Ruhe sehnen, wird er auch viel irdisches Glück in seinen Schoß fortnehmen, und viele junge Hoffnungen werden auf ihm zu Grabe getragen werden.« Mit diesen Worten übergab Oberbürgermeister Rudolf Stapenhorst im August 1912 den Friedhof der Öffentlichkeit.

Als Waldfriedhof konzipiert, gehört der Sennefriedhof heute zu den vier größten Ruhestätten Deutschlands. Naturnähe und Kunst zeichnen ihn seit jeher aus. Viele zum Teil seltene Pflanzen und Tiere haben hier eine Heimat gefunden, darunter auch sehr seltene Moosarten.

Ältere Teile des Friedhofs sind geprägt durch große Familiengrabstätten mit teils imposanten Grabskulpturen namhafter Künstler wie Käthe Kollwitz oder Peter August Böckstiegel. Auch die denkmalgeschützte Alte Kapelle und das Jugendstil-Torgebäude sprechen Kunstliebhaber an. Kriegsopfer, Zwangsarbeiter, Widerstandskämpfer und Soldaten sind auf Sondergräberfeldern bestattet.

Sennefriedhof · Brackweder Straße 80 · 33647 Bielefeld
Haltestelle Sennefriedhof, Stadtbahnlinie 1

75

Am Lehmofen mit Pommernenten

Mit Kopf, Herz und Hand lernen Kinder ab der 4. Schulklasse auf dem Schulbauernhof Ummeln die Natur kennen, schützen und schonend zu nutzen. Nach einer Woche auf dem Hof fragt keiner mehr: »Wo wachsen die Pommes?«

Wie Schweine grunzen und Hühner picken, woher Fleisch und Eier kommen, wie Kartoffeln oder Erdbeeren geerntet und verarbeitet werden – all das erfahren Kinder auf dem Schulbauernhof Ummeln. Der Bauernhof möchte nicht Stadtkinder in Landeier verwandeln, sondern Kinder mit den Arbeitsabläufen einer ökologisch orientierten, nachhaltigen Landwirtschaft vertraut machen und Einblicke in Tierhaltung, Gemüse- und Obstanbau, Feld- und Hauswirtschaft gewähren.

Wie im Fluge vergeht der Tag, wenn die Kinder Schweine und Hühner füttern, Ställe säubern, Beete präparieren, fleißig pflanzen, säen, ernten oder Holz hacken. Darüber hinaus können sie auch ihre Kochkünste unter Beweis stellen. In der Werkstatt ist beim Töpfern oder dem Bauen von Nistkästen handwerkliches Geschick gefragt.

Auch außerhalb des pädagogischen Programms findet Langeweile keinen Raum. Es gibt einen Grillplatz und einen Lehmofen, Wiesen und Wäldchen laden zum ausgiebigen Toben ein.

Ein großes Herz haben die Betreiber auch für alte und gefährdete Haustierrassen, weshalb Coburger Fuchsschafe, Pommernenten, Lippegänse, Vorwerkhühner oder Japanerkaninchen auf dem Hof leben. Auch mit ihnen machen die rund 1000 Schüler Bekanntschaft, die pro Jahr im Rahmen von Schulausflügen oder Ferienfreizeiten auf den Hof kommen.

Träger des Hofs ist der Förderverein Schulbauernhof. Anfang der Achtzigerjahre hatte eine Gruppe von Lehrern, Eltern und Schülern die Idee für einen Bauernhof als ganzheitlich ausgerichtetem Lern- und Arbeitsort. 1985 nahm er als erster Schulbauernhof Deutschlands den Betrieb auf. Drei Jahre später erhielt er den Umweltpreis der Stadt Bielefeld.

Schulbauernhof Ummeln · Umlostraße 54 · 33649 Bielefeld · Tel. 0521/48 87 32
www.schulbauernhof-ummeln.de · Haltestelle Kastanienstraße, Buslinie 87 (ca. 15 Min. Fußweg)

Tiere gehören natürlich auch zum Schulbauernhof.

In den wärmeren Monaten ist die restaurierte Wassermühle regelmäßig im Einsatz.

76

Niemöllers Mühle

1535. In Münster endet die Herrschaft der Täufer im Blutbad. Martin Luther dichtet »Vom Himmel hoch da komm ich her«. In Bielefeld wird erstmals eine »nuwere mole« an der »Lüttere Dyken« (der heutigen Lutter) erwähnt. Einem Förderverein ist zu verdanken, dass sich das Mühlrad auch heute noch dreht.

Niemöllers Mühle, in Quelle etwas versteckt liegend, ist die letzte noch funktionsfähige Wassermühle Bielefelds. Der erste Müller hieß Johan Niemolner. Im Besitz seiner Familie blieb die Mühle, von ein paar Wechseln abgesehen, bis in die Fünfzigerjahre. Reichtümer konnte man mit diesem Beruf nicht erwerben. Hungern mussten die Müller aber auch nicht, denn bezahlt wurde meist in Naturalien.

Im 18. Jahrhundert gehörte die Wassermühle als sogenannte Zwangsmühle zu den Königlich Preußischen-Mühlen. Dort mussten Bauern aus Quelle, Ummeln, Steinhagen, Brock- und Sandhagen ihr Korn mahlen.

Bis in die Fünfzigerjahre war die Mühle im Einsatz, dann verfiel sie. Der Stadtteilverein Queller Gemeinschaft versuchte, das Gebäude zu retten. Zu diesem Zwecke wurden sogar »Mühlenaktien« ausgegeben. Ab 1991 ließ der Förderverein die Mühle restaurieren. Drei Jahre drehte später sich das Rad wieder.

Vom Frühling bis zum Herbst wird Niemöllers Mühle an einem Wochenende im Monat in Gang gesetzt. Gesellschaft erhielt sie durch ein neues Backhaus, wo nun kräftiges Mühlenbrot und schmackhafter Kuchen gebacken werden, letzterer wird dann im Mühlencafé zum Nachmittagskaffee gereicht. Manchmal finden an der Mühle auch kleine Feste und Konzerte statt. Auf dem Dachboden ist Raum für Ausstellungen.

Die Mühle ist sowohl zu Fuß als auch mit dem Rad und dem öffentlichen Nahverkehr gut zu erreichen. Sie befindet sich an der Wanderroute Lutteraue–Queller Parklandschaft und den Bahnradrouten Hellweg–Weser und Teuto–Senne.

Niemöllers Mühle · April–September, jedes 3. Wochenende, Sa, So 14–17 Uhr · Niemöllers Hof 9 33649 Bielefeld · Haltestelle Heidekamp, Buslinie 87 · www.niemoellers-muehle.de

77

Eisiges im Grünen

Überdacht und zu allen Seiten hin offen – so präsentiert sich Bielefelds einzige Eisbahn mit Frischluftgarantie. Von Oktober bis April bietet sie witterungsunabhängiges Eislaufvergnügen. Auch die Eishockeyteams der Stadt flitzen über die spiegelglatte Fläche.

Bielefeld eine Sportstadt zu nennen, ist gewiss keine Übertreibung. Das fußballerische Aushängeschild Arminia hat sich viele Jahre in der höchsten Spielklasse gehalten. Das Treiben der lokalen Handballvereine füllt Woche für Woche die Sportseiten der Lokalzeitungen. Radsportler aus Bielefeld haben über viele Jahre Meisterschaften errungen und sind bei der Tour de France am Start. Der Hermannslauf von Detmold nach Bielefeld mobilisiert seit Jahrzehnten die Breitensportmassen. Und mit Bobfahrer Olaf Hampel brachte die Stadt sogar einen Olympiasieger hervor.

Dabei haben es Wintersportarten aus geografisch und klimatisch naheliegenden Gründen nicht einfach in Bielefeld. Eishockey fristet ein Schattendasein. Die Crocodiles des TSVE Bielefeld und der SV Brackwede unterhalten Männer- und Frauenteams, die sich eine Spielfläche teilen: die Oetker-Eisbahn. Bis zum Jahr 2003 gab es noch eine innerstädtische, nicht überdachte Eisfläche am Arbeitsamt, heute verspricht nur noch die Bahn in Brackwede eisiges Vergnügen.

Dabei ist die überdachte und an den Seiten offene Bahn keineswegs nur mit Schläger und Gesichtsmaske zu betreten. Von Oktober bis April können sich Anfänger wie Fortgeschrittene auch ohne Ganzkörperschutz aufs Eis wagen. Für Jüngere gibt es regelmäßig Eisdiscos, bei denen ein DJ kräftig einheizt. Auch an andere Zielgruppen ist gedacht: Ältere Sportler können beim Oldie-Abend, musikalisch untermalt, ihre Runden drehen. Wer noch nicht über das passende Equipment verfügt, kann Schlittschuhe vor Ort leihen oder auch kaufen. Der Anschnallraum ist erfreulicherweise beheizt. Gegen den kleinen Hunger und Durst hilft eine Stehgastronomie mit handelsüblichen Pommes-Limonaden-Angeboten.

Oetker-Eisbahn · Duisburger Straße 8 · 33647 Bielefeld · Tel. 0521/51 14 85
www.bbf-online.de/eisbahn.html

Schlittschuhe erleichtern das Betreten der Eisbahn erheblich.

Vielleicht sitzt hier ja auch der Nikolaus drin.

Vogelperspektiven

78

Ein ungeschriebenes Gesetz besagt: Eine Großstadt, die etwas auf sich hält, braucht einen Flughafen! Auch Bielefeld hat einen Flugplatz, wenngleich keine Flieger nach München, Mallorca oder Madagaskar abheben. Dafür starten hier Rundflüge über die Stadt.

Der Flugplatz Bielefeld in unmittelbarer Nähe zu den Autobahnen A2 und A33 ist einer der kleineren Sorte. 1930 eingeweiht, wurde er nach und nach erweitert und modernisiert. Vornehmlich starten und landen in Windelsbleiche auf der rund 1,3 Kilometer langen Bahn Flugzeuge mit einem Abfluggewicht von bis zu 5,7 Tonnen. Aber auch Segelflugzeuge, Motorbienen und Hubschrauber sind hier zu Hause. In erster Linie nutzen Geschäftsreisende den Flugplatz mit gecharterten oder sogar eigenen Flugzeugen – von kleineren zweimotorigen Maschinen über Jetprops bis zum modernen Businessjet. Schließlich befinden sich Weltunternehmen ganz in der Nähe …

Doch auch ganz ohne Geschäftsinteresse kann man auf dem Flugplatz abheben. Bei einem Rundflug über Bielefeld lässt sich die Region aus etwas anderer Perspektive entdecken. Ein solcher Rundflug dauert zwischen einer halben und einer Stunde. Bis zu drei Personen können mitfliegen. Selbst Tagesausflüge zu den Nordseeinseln sind möglich – die Flugzeit beträgt nur eine schlappe Stunde. Informationen über Mitflugmöglichkeiten gibt es beim Flugplatz (u.a. info@flugplatz-bielefeld.de). Ballonflüge sind ebenfalls möglich.

▶ Ein besonderes Ereignis sind die Rundflugtage. An einem Wochenende im Jahr können Besucher in die Luft gehen oder Flugzeuge auf dem Gelände besichtigen.

Wer sich selbst den Traum vom Fliegen erfüllen möchte, ist in der Motorflugschule richtig aufgehoben. Wer lieber anderen beim Fliegen zuschaut, kann sich in das Restaurant begeben, das wie der gesamte Flughafen täglich geöffnet ist. Ein besonders nettes Ritual wird am Sonntag nach dem 6. Dezember gepflegt: Dann landet der Nikolaus in Bielefeld und verteilt Geschenke an Kinder.

Flughafen Bielefeld GmbH · Am Flugplatz 1 · 33659 Bielefeld · Tel. 0521/95 94 70
www.flugplatz-bielefeld.de

79

Ohne Netz und Seil

Zum Klettern braucht man keine Berge. Es reicht, sich nach Senne aufzumachen. Eine ehemalige Industriehalle beherbergt die größte Boulderanlage Norddeutschlands, in der man künstliche Wände ohne Seil und Gurt erklimmen kann.

Bouldern bedeutet seilfreies Klettern in geringer Höhe. Beweglichkeit und Geschick sind gefragt, aber auch Köpfchen, um Strecken unterschiedlichen Anspruchs zu bewältigen. Nicht umsonst ist vom Ganzkörperschach die Rede. Nur mit Händen und Füßen geht es an Wänden unterschiedlicher Neigung mit künstlichen Griffen und Tritten aufwärts. Je komplizierter ein Kletterzug, desto besser.

Der erste Boulder-Parcours entstand in Fontainebleau – Boulder-Schwierigkeitsgrade werden noch heute in der Fontainebleau-Skala ausgedrückt. Auch die Bielefelder Halle hat sich von Fontainebleau inspirieren lassen.

Die Boulderhalle bietet auf 1300 m² Fläche über 300 Routen für Anfänger, Fortgeschrittene und Profis. Damit sich die Besucher besser zurechtfinden, hat jeder Schwierigkeitsgrad eine eigene Farbe. Anfänger sollten schwarze Griffe besser meiden. Ein Slacklinepark im großen, naturbelassenen Garten hinter der Boulderhalle sowie ein Cafè runden das Angebot ab.

Eine besondere Ausrüstung wird nicht benötigt. Kletterschuhe sind nicht von Nachteil, bei Bedarf kann man sich welche ausleihen. Übliche Turnschuhe funktionieren aber auch. Auch Chalkbags. Chalk, Tape und Hautpflegemittel sind in der Halle erhältlich.

Schaumstoffmatten auf dem Boden sorgen für die notwendige Sicherheit beim Klettern. Und weil Sicherheit wichtig ist, gibt es auch Vorschriften: Kinder unter sechs Jahren dürfen noch nicht bouldern, bis zum Alter von 13 Jahren braucht man eine Aufsichtsperson. Jugendliche zwischen 14 und 17 Jahren können mit einer unterschriebenen Einverständniserklärung allein auf Bouldertour gehen. Für Gruppen – zum Beispiel bei Kindergeburtstagen – gibt es besondere Vorschriften mit einem anderen Betreuungsschlüssel.

Boulderhalle · Mo–Fr 15–21.30 Uhr, Sa, So 10–21.30 Uhr · Am Waldbad 60 · 33659 Bielefeld
Tel. 0521/95 03 70 70 · www.boulderhalle-bielefeld.de

Die größte Boulderanlage Norddeutschlands liegt in Senne.

Auf der kurvenreichen Strecke der Indoor-Kartbahn sind Steuerkünste gefragt.

Minivetteln

Da Hockenheimring oder Nürburgring weit weg sind und lediglich Motorradfreunde sich am Leineweberring etwas austoben können, müssen sich Rennsportfreunde anderweitig umsehen. In der Indoor-Kartbahn an der Bundesstraße 68 werden sie fündig.

Nach Blumenwiese riecht es nicht. Wer die Halle betritt, nimmt den Autorennsport unweigerlich durch die Nase wahr. Dort lassen sich Geschwindigkeitsrausch und Risikofreude in Miniform ausleben.

Rennsportliebhaber drehen, mit Schutzhelm und Sturmhaube ausgerüstet, in der Indoor-Kartbahn alleine ihre Runden. Abgerechnet wird nach Zeit. Alternativ können Gruppen mit ausreichend Fahrern auch ein Rennpaket buchen, bei dem Mini-Vettels gegen Rosberg-Jünger antreten. So richtig mit freiem Training, Qualifying und Adrenalin-Rennen.

Bis zu zehn Karts können sich gleichzeitig auf die fünf bis acht Meter breite Fahrbahn begeben, die durch ca. 3000 in sich verbundenen Pkw-Reifen begrenzt ist. Die durchaus anspruchsvolle, rund 300 Meter lange Rennstrecke ist mit einem Spezialasphalt belegt. Fahrtechnik ist bei sechs Links- und drei Rechtskurven auf jeden Fall gefragt – der Rundenrekord mit Leihkarts liegt bei 20,252 Sekunden.

Kinder dürfen auch auf die Strecke. Voraussetzung ist, dass sie mindestens 1,30 Meter groß sind. Beim Geburtstagspaket des Hallenbetreibers gibt es zwei Rennen in Kombination mit Hähnchen-Nuggets und frittierten Kartoffelstäbchen.

Wer einen Boxenstopp einlegen möchte, kann mit Blick auf die Rennstrecke etwas trinken. Gruppen können auch Menüs oder Büffets vorbestellen. Monitore informieren die Renninteressierten dabei über die aktuellen Rundenzeiten. Auf der Großbildleinwand flimmern schon mal Livebilder von der Rennstrecke. Kurzweil für Rennmuffel verspricht ein Billardraum. Wer mag, spielt im Dunkeln mit Schwarzlicht und speziellen Kugeln. Nach Blumenwiese riecht es hier aber auch nicht.

Kartbahn B68 · Mo–Do 16–22 Uhr, Fr 15–0 Uhr, Sa 14–0 Uhr, So 10–20 Uhr
Osnabrücker Straße 157 · 33649 Bielefeld · Tel. 0521/45 12 25 · www.kartbahnb68.de

81

Den Teutoburger Wald zu Füßen

Präsent und doch unnahbar: Der umzäunte Fernmeldeturm Hünenburg ist nur für Personal geöffnet. Zum Glück gibt es nebenan einen Aussichtsturm, der in seinem früheren Leben auch mal ein Fernsehturm war. Bei schönem Wetter bietet er eine herrliche Aussicht auf das Bielefelder Umland.

Zwei Türme sind es, schon aus vielen Kilometern sichtbar. Auf dem Hünenberg, 313 Meter über dem Meeresspiegel, erhebt sich der große Fernmeldeturm, der mit 164 Metern Bielefelds höchstes Gebäude darstellt. 1971 errichtet, ist er für die Öffentlichkeit heute leider nicht mehr zugänglich. Besucher dürfen jedoch auf den alten Fernmeldeturm. 20 Jahre älter als sein großer Nachbar, wurde er mit dem Bau des neuen Fernmeldeturms überflüssig und zum Aussichtsturm umgestaltet. Die Plattform ist bei schönem Wetter am Wochenende und an Feiertagen geöffnet. Dazu gehören auch ein Kiosk, der ein paar Erfrischungen parat hält, und eine kleine Fotoausstellung zur Geschichte des Stadtteils Quelle. 40 Meter hoch, bietet der Turm einen grandiosen Panoramablick über den Teutoburger Wald.

▶ Die Queller Gemeinschaft lädt einmal im Jahr zum Hünenburgfest ein, einem Familienfest mit Gottesdienst, Festzeltprogramm, Aktionsspielen und Glücksrad.

Ursprünglich war die Hünenburg eine germanische Wallburg, auf deren Resten im Dreikaiserjahr 1888 der »Drei-Kaiser-Turm« entstand. 1894 wurde er offiziell eingeweiht. Rund zehntausend Menschen waren damals zur Hünenburg gepilgert.

Jahrzehntelang war der Turm mit der naheliegenden Gastwirtschaft ein beliebtes Ausflugsziel im Teutoburger Wald. Eine Wanderung dorthin gehörte zum Standardprogramm Bielefelder Schulausflüge. 1952 war Schluss mit Kaiserlichem: Der Turm musste der Telekommunikation Platz machen, allerdings mit Aussichtsplattform. Nicht nur den Bielefelder Schülerinnen und Schülern ist er jedoch als Wanderziel am Hermannsweg erhalten geblieben.

Hünenburg · Hünenburgstraße · 33649 Bielefeld · www.queller-gemeinschaft.de

Hoch hinaus: Auf der Hünenburg neben dem Fernsehturm kann man Bielefeld von oben genießen.

Blickfang im Nordpark: Café im Schinkel-Stil

82

Picknick unter der Flügelnuss

Ein wirklich schöner Ort, dieser Stadtpark. Früher einmal wurde er zu nicht unwesentlichen Teilen als Grabeland für den Anbau von Gemüse genutzt. Heute können sich baumzugewandte Menschen an den Götterbäumen, Hängebuchen oder Flügelnuss-Bäumen erfreuen. Enten haben ihren Spaß am fontänespeienden Teich. Derweil Kinder vor der kniffligen Frage stehen, ob sie nun Fußball, Minigolf, Tischtennis spielen oder doch lieber das Piratenschiff auf dem Spielplatz entern sollen. Der Nordpark geizt nicht mit Blumen und vor allem nicht mit Rasen – wie für Picknickliebhaber geschaffen! Für Verpflegung sorgen die Bude am Minigolfplatz und das Café im Schinkel-Pavillon.

Nordpark · Haltestelle Nordpark, Stadtbahnlinie 3

83

Translozierte Tapas

Das Bauwerk im Nordpark ist dergestalt klassizistisch, dass nur ein Schüler Karl Friedrich Schinkels als Bauherr infrage kommt. Ursprünglich stand es als Teehaus im Villengarten der Familie Osthoff an der Detmolder Straße. 1953 entschied die Stadt, das Gartenhaus in den neugestalteten Nordpark zu translozieren – so nennen Fachleute eine Gebäudeversetzung. 2011 wurde der mittlerweile als Café genutzte Pavillon umfassend renoviert und um einen Anbau erweitert. Heute lädt eine spanische Tapas-Bar zum Auffrischen von Urlaubserinnerungen ein. Das Angebot auf der Speisekarte reicht von Käse und Oliven über warme und kalte Fisch- und Fleisch-Tapas bis zu Klassikern wie Tortillas, Paella oder Kroketten.

Café Nordpark · Mo–Sa 11–24 Uhr, So 10–24 Uhr · Bünderstraße 25b · 33613 Bielefeld
Tel. 0521/89 62 89 · www.nordpark-restaurant.de

Ein Freizeitspaß nicht nur im Sommer

84

Minigolf das ganze Jahr

Wer denkt, dass Miniaturgolfen eine reine Schönwetterangelegenheit ist, der irrt. Die Minigolfanlage am Obersee in Schildesche hat das ganze Jahr über geöffnet.

Als der Schweizer Gartenarchitekt Paul Bongni 1953 die erste Minigolfanlage in Locarno errichtete, ahnte er wahrscheinlich nicht, welche Folgen seine Erfindung haben würde. Zwei Jahre später gab es in Deutschland die erste Minigolfanlage. Hunderte folgten in ganz Europa. Alleine in Deutschland existieren mittlerweile rund 2000 Minigolfanlagen.

In Schildesche fordern 18 Bahnen dazu auf, Geschick und Glück auf die Probe zu stellen. Lediglich bei Eis und Schnee bleibt die Minigolfanlage oberhalb des Restaurants »Seekrug« geschlossen. Besonders kinderfreundlich sind die mit Farbpigmenten versehenen Kunststoffplatten, da sie das Begehen der Bahnen zulassen. Weniger nervenfreundlich ist die Netzbahn, an der so mancher schon verzweifelt ist.

Wem das Minigolfen noch nicht reicht, kann anderweitig Sport treiben und sich am Obersee auf eine der ausgewiesenen Jogging- und Nordic-Walking-Routen begeben oder beim Beachvolleyball in der benachbarten Strandbar Düne 13 ins Schwitzen kommen.

Im »Seekrug« kann man sich nach dem Minigolf im Biergarten oder Restaurant erholen. Eine Spezialität sind die Pickert-Variationen.

Die Minigolfanlage in Schildesche ist eine von insgesamt fünf abwechslungsreichen Freizeitstätten, die zum geselligen Putten, Schlagen und Addieren einladen. Jede Bahn weist eine Besonderheit auf. Neben der Anlage am Obersee gibt es noch die Filzgolfanlage Nordpark, die naturnahe Minigolfanlage »Am Frölenberg« in Brackwede, die Minigolfanlage Sennestadt mit 40 Meter langem Weitschlag sowie die älteste Bielefelder Minigolfanlage »Am Venn« in der Nähe der Radrennbahn; ihre Bahnen wurden 1963 aus Beton gegossen. Die anderen vier Bahnen sind im Unterschied zur Anlage in Schildesche wetterabhängig vom Frühjahr bis in den Herbst geöffnet.

Minigolf am Obersee · Mo–So 11–21 Uhr · Loheide 22a · 33609 Bielefeld · Tel. 0521/810 81
www.minigolf-bielefeld.de · www.seekrug.com

85 Das grüne Netz

Bielefeld hat viel Natur zu bieten. Der Teutoburger Wald zieht sich durch die Stadt, an Grünanlagen mangelt es auch nicht. Wer's nicht glaubt, kann's erradeln, etwa bei der familienfreundlichen Tour »Das grüne Netz«, die von der Stadtmitte in den Norden führt.

Großstadt im Grünen. Mit dieser Selbstschreibung schmücken sich zahlreiche Metropolen in Deutschland. Eine Berliner Tageszeitung wollte es genauer wissen und ließ anhand von Satellitenbildern ermitteln, wie viel Pflanzengrün wirklich vorhanden ist. Mit 81,2 Prozent landete Bielefeld auf einem respektablen 11. Platz. In Nordrhein-Westfalen lagen lediglich Siegen, Aachen und Hagen noch vor dem ostwestfälischen Oberzentrum.

Eine Möglichkeit, sich selbst von Bielefelds grünen Seiten zu überzeugen, ist der Radrundweg »Das grüne Netz«. Abseits vielbefahrener Straßen geht es insgesamt 25 Kilometer quer durch die Stadt. Vom Bahnhof aus führt der Kurs durch den Ravensberger Park Richtung Heepen. Über Brake und Schildesche geht es dann durch den Westen wieder zurück ins Stadtzentrum.

▶ Es gibt eine kostenlose, ausführliche Informationsbroschüre zur Tour »Das grüne Netz« auf Deutsch und auf Niederländisch.

Der Weg verbindet mehrere Grünzüge und Parkanlagen, sogar das in Bielefeld oftmals als fehlend beklagte Wasser begleitet den Radler bisweilen. Spiel- und Grillplätze laden zum Durchschnaufen ein. Mit Obersee und Siegfriedplatz liegen darüber hinaus zwei Lieblingserholungsorte der Einheimischen auf dem Weg. Wer Lust auf Kultur hat, kann im Museum Wäschefabrik, dem Historischen Museum, dem Museum Huelsmann oder der Kunsthalle vorbeischauen. Steigungen bleiben fast gänzlich aus. So können auch jene, die ihrem Drahtesel nur gelegentlich etwas Sonne gönnen, die Strecke ohne große Anstrengungen hinter sich bringen.

Entlang der gesamten ausgeschilderten Strecke finden sich Stationen des »Global Goals Radwegs«, mit dem das Welthaus Bielefeld auf die »nachhaltigen Entwicklungsziele« der Vereinten Nationen aufmerksam macht.

Tourist-Information, Neues Rathaus · Niederwall 23 · 33602 Bielefeld · Tel. 0521/51 69 99
Karten unter www.bielefeld.de/de/kf/sport/radwandern

Quadrat im Quadrat: »Das grüne Netz« hat sein eigenes Logo.

86

Autofreier Sonntag

Fahrradklingeln statt Autohupen: Alle zwei Jahre hat die Herforder Straße einen neuen Klang. Beim Aktionstag »Ohne Auto mobil« erobern Zweiräder und Inline-Skater die 16 Kilometer lange Verbindungsstraße zwischen Bielefeld und Herford.

Am letzten Sonntag im September ist es so weit: Die Bundestraße 61, auf der sich sonst Tag für Tag der Autoverkehr nach Motorkräften austobt, ist nun für Kraftfahrzeuge gesperrt. Stattdessen sind zwischen 10 und 18 Uhr Radfahrer, Skater, Jogger und Spaziergänger unterwegs. 50 000 Teilnehmer wollen die Organisatoren – die Städte Bielefeld und Herford – in der Vergangenheit bereits gezählt haben.

Zwischen Fürstenauplatz in Herford und dem Ravensberger Park in Bielefeld warten zahlreiche Unterhaltungs- und Verpflegungsangebote auf die mobilen Besucher. Auch Infostände von Verkehrs- und Umweltgruppen

Ein Sonntag ohne Autos zwischen Bielefeld und Herford

dürfen nicht fehlen. Entlang der ziemlich flachen Strecke gibt es auch jenseits des offiziellen Programms viele Möglichkeiten für Abstecher. In Heepen, Brake und Schildesche etwa locken hervorragende Eisdielen. Kulturinteressierte können einen Besuch im famosen Museum MARTA in Herford ins Auge fassen.

Auch direkt an der Strecke lohnt es, an einigen Stellen zu verschnaufen. Zum Beispiel an der Büromöbelfabrik Theo Kerkmann, die im September 2013 eine alte schwarze Dampflokomotive erwarb und nun dieses beeindruckende Stück Eisenbahngeschichte ausstellt. Die Lok an der Kerkmannstraße 1 ist nicht zu übersehen – am Aktionstag gibt es rund um den Oldtimer meist eine kleine eisenbahnhistorische Ausstellung und kleinere Erfrischungen, die zu einer willkommenen Pause einladen.

Die Verbindung Bielefeld–Herford ist noch recht jung. Im Jahr 2000 hatte es erstmals einen autofreien Tag in der Bielefelder Innenstadt gegeben. 2005 traten rund 35 000 Menschen bei der Aktion »Teuto ohne Auto« zwischen Bielefeld und Detmold in die Pedale. Seit 2009 gibt es nunmehr die Aktion auf der Herforder Straße. Auch in Zukunft soll sie im Zwei-Jahres-Rhythmus stattfinden.

Ohne Auto mobil · www.teutoohneauto.de

87

Aus Schlamm geboren

Ob nun vom Obersee aus oder mit Start in Brake: Ein Spaziergang durch die Johannisbachaue verspricht eine Menge Erholung. Noch schöner wird der Weg durchs Grüne, wenn man den Wiesenweg zu den Findlingen nimmt und den Panoramablick über Schildesche und Brake genießt.

Sollte es Asterix und Obelix jemals nach Bielefeld verschlagen, wäre der Findlingsgarten in der Johannisbachaue gewiss einer der Lieblingsplätze des ungleichen Duos. Obelix könnte allerlei Schabernack mit den großen Steinen anstellen, derweil Asterix sich unter einem Baum ein Schläfchen gönnt und Idefix auf naturnahen Wegen versucht, scheue Nahrung aufzuspüren. Bei gutem Wetter genießen dann alle auf 105 Metern Meereshöhe einen wunderbar weiten Blick, der zwar nicht bis nach Lutetia, aber immerhin bis zum Denkmal des Römer-Feindes Hermann im gar nicht so fernen Detmold reicht.

Findlingsgarten mit Panoramablick

Die Findlinge sind nicht nur ein Gruß aus längst vergangenen Zeiten, die geologischen Fundstücke sind auch mit der jüngeren Geschichte des Naherholungsgebietes rund um den mäandrierenden Johannisbach verknüpft. Aufgetaucht sind sie nämlich bei Arbeiten an einer Bodendeponie. Was heute als Aussichtsplateau grüßt, war noch bis ins Jahr 2012 eine erdige Ansammlung: zum einen für 130 000 Kubikmeter Schlamm, der aus dem Obersee gepumpt wurde. Zum anderen konnten Unternehmen aus Bielefeld dort Boden zwischenlagern, der bei Baustellen anfiel. So fanden 535 000 Kubikmeter Aushub über eine Zufahrt an der Talbrückenstraße den Weg in die Deponie. Nach deren Schließung ließ die Stadt Bielefeld den Hügel fleißig bepflanzen und begrünen. Zur Freude der Bielefelder, die das Gebiet für ausgiebige Spaziergänge nutzen.

Das Areal ist eingezäunt, drei Tore geben den Wiesenweg zu den Findlingen frei. Auf Schildern bittet das Umweltamt um Rücksichtnahme auf die Natur: Es sollte kein Abfall hinterlassen werden. Die Tore seien geschlossen zu halten, um Wildverbiss an Bäumen und Sträuchern zu verhindern. Hunde sollten nicht auf die Grasflächen geführt werden, da besch … Heu den Heckrindern schadet. Das gilt natürlich auch für Idefix.

Wiesenweg zu Findlingen · Wanderweg A1 · Obersee

Abwechslungsreich und ausgeschildert: der Hasenpatt-Wanderpfad

88

Hasenpatt

Der Hasenpatt ist eine Legende. Widukind soll ihn mit seinem Diener Hase gelaufen sein sein, um bei seiner Schwester Pickert zu essen. Sagenhaft! Jedenfalls ist der zwölf Kilometer lange Wanderweg einer der schönsten in der Region. Er verbindet die Widukindstadt Enger mit dem Norden Bielefelds.

So viel scheint festzustehen: Zwischen 772 und 785 bekämpften sich Franken und Sachsen nach allen Regeln der Kunst. Widukind hat als Anführer der Sachsen die Aufstände gegen die Franken organisiert. Am Ende gab er den Widerstand auf und ließ sich taufen. Der Rest über Leben und Wirken des sächsischen Adeligen fällt mehr oder weniger ins Reich des Mythos. Für (Ost)-Westfalen und Niedersachsen verkörpert Widukind, der sich Karl dem Großen und seinem Machtanspruch widersetzte, dennoch oder gerade deswegen ein Stück regionale Identität.

Eigentlich bedeutet sein Name »Waldkind«, was wiederum hervorragend zum Hasenpatt passt. Die mit »HP« ausgezeichnete Route startet auf dem Barmeierplatz im Zentrum von Enger. Ganz in der Nähe befinden sich die Stiftskirche mit dem Grabmal Widukinds und das Widukindmuseum.

▶ Von Enger aus startet auch der Höfeweg. Der 14 Kilometer lange Wanderweg entlang großer Bauernhöfe endet ebenfalls im Ortskern von Schildesche.

Der Weg führt zunächst zum Gerbereimuseum an der Straße »Hasenpatt«. Weiter geht's Richtung Pödinghausen. Wer am alten Windmühlenstumpf und dem Golfplatz Ravensberger Land vorbeikommt, hat sich nicht verlaufen. Es folgen Fischteiche und der Sattelmeierhof Upmeier, bis Vilsendorf erreicht ist. Entlang des Moorbaches führt der Hasenpatt bis zur Stiftskirche in Schildesche zum Endpunkt.

Wer zurück ins Bielefelder Zentrum möchte, kann das von der nahegelegene Stadtbahnhaltestelle tun. Und wer noch ganz im Sinne Widukinds einen Pickert kosten möchte, kehrt im »Seekrug« am Obersee ein, wo diverse Variationen der lokalen Spezialität mit süßem und herzhaftem Belag warten.

Hasenpatt · www.enger.de/Leben-in-Enger/Freizeit-Sport/Wandern
Startpunkt in Enger: Haltestelle Enger Kleinbahnhof, Buslinie 54

89

Im Gitarrenhimmel

Am Anfang waren es Besenstiele mit Saiten und Radios als Verstärker. Die E-Gitarre hat eine bewegte Geschichte hinter sich. Das Fachgeschäft »Pimp my guitar« sorgt dafür, dass sie noch eine aufregende Zukunft vor sich hat.

Es war das klassische Schicksal der Gitarristen. In den Big Bands übertönte die Bläserfraktion ihr Zupfinstrument, in den Bars waren sogar manche Zuhörer noch lauter. Elektrische Verstärkung sollte Abhilfe schaffen. Fleißig wurde an Klanglösungen getüftelt. So fand sich auch manche Telefonhörermembran an der Gitarre wieder. Pionieren wie dem Jazzmusiker Lester Polsfuss ist es schließlich zu verdanken, dass die E-Gitarre in den Vierzigerjahren Wirklichkeit wurde.

Gitarristen ließen seitdem in den diversen Spielarten der Popmusik aufhorchen, von Metal bis Jazz. 2008 ersteigerte jemand in einem Auktionshaus in London ein verkohltes Stück Holz für 345 000 €. Es handelte sich um die erste E-Gitarre von Jimi Hendrix, die er auf der Bühne angezündet hatte.

Die Bielefelder Fachhändler von »Pimp my guitar« verwandeln Hölzer in erstklassige E-Gitarren. Det Moews baut mit seinem Team Gitarren komplett selbst – von der Holzauswahl bis zur Speziallackierung findet alles vor Ort statt.

Neben den handgefertigten E-Gitarren gibt es natürlich alles andere, was das Gitarristenherz höher schlagen lässt: Saiten, Mechaniken, Pedals, auch klassische Röhren-Verstärker. Natürlich werden E-Gitarren und Bass fachkundig repariert oder »gepimpt«. Denn Det Moews ist bekannt für seine Erfahrung und Akribie, etwa was die Dämpfung angeht, um die sich bei E-Gitarren fast alles dreht.

Seine Leidenschaft für das Instrument brennt schon seit einigen Jahrzehnten. Als 14-Jähriger begann er, selber an Gitarren zu schrauben. Der Weg zum ersten selbstgebauten Instrument war vorgezeichnet. Stammten die ersten Kunden noch aus dem Freundeskreis, kommen heute Musiker aus aller Welt, um sich von ihm und seinem Team eine E-Gitarre bauen zu lassen.

Pimp my guitar · Di–Fr 14–19 Uhr, Sa 11–16 Uhr · Bremer Straße 43 · 33613 Bielefeld
Tel. 0521/42 84 95 06 · www.pimpmyguitar.de

Der »Pimp my Guitar Custom Guitar & Repair Shop« mit Inhaber Det Moews

90 Schwedenfrieden

Ausflugslokal, Pension, Tagungsort in einem Wort: »Schwedenfrieden«. Seit rund 200 Jahren gibt es das hübsche Haus im Teutoburger Wald, das heute mit spanischer Küche, Kuchenbüffet oder großer Sonnenterrasse aufwartet. Nahe des gleichnamigen Wanderparkplatzes ist es Start- oder Zielpunkt mancher Wandertour. Auch finden hier Open-Air-Konzerte, Feste und Tagungen statt. Die familienfreundliche Picknickwiese und die hauseigene Bodega sind bei Veranstaltungen mit schönem Wetter geöffnet. Das Hotel hat mehrere Doppelzimmer zu bieten.

Schwedenfrieden · Zur Schwedenschanze 75 · 33619 Bielefeld · Tel. 0521/98 81 98 81
www.schwedenfrieden.de · Haltestelle Auf dem Kley, Buslinie 24 (500 m Fußweg)

91 Schwedenschanze

Der Bielefelder Mund nennt sie Schwedenschanze. Eigentlich hört sie auf den Namen Kaiser-Friedrich-Gedächtnishütte. Mehrere Wanderwege führen zur Hütte auf dem Bußberg des Teutoburger Waldes. Von dort, auf 306 Metern Höhe, hat man eine wunderschöne Aussicht auf Dornberg und Steinhagen.

Schwedenschanze ist eine volkstümliche Bezeichnung für alte Wallanlagen aus der Zeit des Dreißigjährigen Krieges (1618–48), die Schutz vor den Truppen des Schwedenkönigs Gustav II. Adolf bieten sollten. Die Befestigung neben der Hütte entstand jedoch erst im Jahr 1673. Die Kaiser-Friedrich-Gedächtnishütte selbst wurde 1891 geplant und 1912 eingeweiht.

Schwedenschanze · Kaiser-Friedrich-Gedächtnishütte · Kammweg · 33619 Bielefeld

Lokal im Grünen: »Schwedenfrieden«

Mit dem Schienenbus auf Reisen

Nostalgiefahrten mit dem Schienenbus

92

Am Ringlokschuppen steht der Schienenbus der Osning-Bahn. Ein Verein hält die Fahrzeuge aus den 1960er-Jahren auf Trab und fährt mit ihnen quer durch die Region und noch weiter. Einsteigen, bitte!

Landauf, landab lassen Eisenbahnnostalgiker ausrangierte Lokomotiven an Wochenenden und Feiertagen über die Schienen schnaufen. In liebevoll restaurierten Wagen mit rustikalem Charme kann man Reiseflair vergangener Tage genießen, inklusive Email-Schildern mit antiken Werbesprüchen wie »Ach du Schreck, der Zug ist weg, darauf: Klarer mit Speck!«

In Bielefeld ist keine Dampfeisenbahn unterwegs, sondern der Schienenbus. Der 2010 gegründete Verein Osning-Bahn mit Sitz in Halle/Westfalen erwarb 2011 und 2012 drei Fahrzeuge, die er nun ganzjährig für seine Ausflüge nutzt. Und so geht es mit den markanten orange-weiß-blauen MAN-Gefährten nicht nur zu regionalen Stadtfesten und Märkten, auch Touren nach Bremen, Hamburg oder ins Künstlerdorf Worpswede stehen auf dem Fahrplan.

Startpunkt der meisten Touren ist der Hauptbahnhof Bielefeld. Von dort rumpelt die Bahn dann gemächlich durchs Land – die Höchstgeschwindigkeit des Steuerwagens von 90 km/h wird nur selten erreicht. Die drei Wagen fassen maximal 150 Personen. Manchmal wird der dritte Wagen auch als Gepäck- und Fahrradwagen genutzt.

Um die Verpflegung der Passagiere kümmern sich die engagierten Vereinsmitglieder. Im Schienenbus kann man Getränke sowie belegte Brötchen, Mettenden und hausgemachten Kuchen kaufen. Bei Weihnachtsmarktausflügen wärmt ein Glühwein. WC und Beschallungsanlage sind integriert – schließlich kann man den historischen Schienenbus auch privat chartern.

Das Gefährt kann dank der Ausstattung mit Sicherungs- und Funktechnik fast alle Strecken bewältigen, lediglich bei einigen Steilpassagen und Tunnelstrecken muss es passen. Dafür ist der Schienenbus auch auf Strecken unterwegs, die nicht mehr zum regulären Bahnverkehr gehören, etwa auf der Mindener Kreisbahn zum Besucherbergwerk Kleinenbremen.

Osning-Bahn e. V. · Postfach 10 20 23 · 33520 Bielefeld · Tel. 0521/327 46 01
www.osning-bahn.de

93 Einmal rund um Bielefeld

Mit seinen 258 Quadratkilometern hat Bielefeld eine größere Fläche als Frankfurt am Main. Wer sich selber ein Bild von den Ausmaßen der Stadt machen möchte, kann den Wappenweg ablaufen. Der stolze 88,8 Kilometer lange Rundweg entspricht in seinem Verlauf – sofern möglich – den Stadtgrenzen.

Auf dem Wappenweg wird die Vielfalt der Landschaft deutlich. Im Norden geht es über das Ravensberger Hügelland. Zweimal wird der Teutoburger Wald überquert. Im Süden führen die Wege durch die Ebene der Senne. Kein Wanderweg ohne Markierung: Das Wappen der ehemaligen Grafschaft Ravensberg, drei Sparren im silbernen Schild, soll verhindern, dass sich der Wanderer verirrt.

Der Wappenweg ist ein Rundweg und kann an jeder beliebigen Stelle begonnen werden. Auch wenn im Jahr 2013 ein Bielefelder das Kunststück vollbrachte, den Weg in 22,5 Stunden am Stück zu absolvieren, empfiehlt sich eine Aufteilung in bekömmliche Etappen.

Der Teutoburger Wald Verein Bielefeld teilt den Wappenweg in seinem Flyer in acht Abschnitte ein und gibt außerdem Tipps für die Anbindung an den öffentlichen Nahverkehr.

Die erste Etappe führt vom Rollkrug an der Detmolder Straße in Richtung Oerlinghausen bis Eckardtsheim (12,7 km). Wer mag, kann einen Abstecher zum historischen Grenzstein an der früheren Grenze zwischen Preußen und Lippe machen. Die zweite Tour verläuft von Eckardtsheim über Windflöte und Ummeln bis zur Gütersloher Straße (11,8 km). Von dort geht es bis zum Bahnhof Quelle (8,6 km). Das vierte Teilstück des Wappenwegs ist 10,1 km lang und führt vom Queller Bahnhof zum Kreuzkrug nach Dornberg. Dort beginnt die fünfte Etappe bis zur Kleinbahntrasse »Auf dem Kämpchen« (16,4 km). Weiter geht es bis zum Bahnhof Brake (12,1 km). Die vorletzte Etappe erreicht Gut Eckendorf (9,5 km). Von dort sind es noch 7,6 km, bis wieder der Ausgangspunkt Rollkrug erreicht ist.

Wappenweg · Teutoburger Wald Verein Bielefeld · Engersche Straße 57 · 33611 Bielefeld
Tel. 0521/967 79 68 · www.teutoburger-wald-verein-bielefeld.de

Der Wappenweg führt einmal um Bielefeld herum und bietet sich für eine etappenweise Annäherung an.

Ein Erzeugnis der Rotingdorfer Brauerei

Vom Einkochtopf zur Brauerei

94

In Bielefeld wird zwar gern das eine oder andere Bier konsumiert, als Herstellungsort ist die Stadt allerdings bisher nicht groß in Erscheinung getreten. Wie gut, dass es »Rotingdorfer« gibt. Die Minibrauerei im benachbarten Werther überzeugt durch viel Charme und guten Geschmack.

Ostwestfalen ist ein Bierlandstrich. In Herford, Detmold, Paderborn und Lübbecke gibt es größere Brauereien. Auch wenn Bielefeld keine große Brauerei hat, mischt die Stadt kräftig im Biergeschäft mit. Der Lebensmittelkonzern Dr. Oetker hat sich zu Deutschlands größtem Bierverkäufer gemausert. Bei einer Führung durch die Dr. Oetker-Welt, dem firmeneigenen Museum, steigen aber keinem Besucher Hopfen- und Malzaromen in die Nase – Bier hat der Konzern an seinem Stammsitz nie gebraut.

Wer Bierkultur hautnah erleben möchte, findet nicht weit entfernt eine gute Alternative: die Rotingdorfer Brauerei, benannt nach einem Ortsteil von Werther. Bei Besichtigungen erfährt man nicht nur allerhand übers Bierbrauen, sondern auch über die Geschichte des Betriebs. Mitte der 1990er-Jahre begann Michael Zerbst in der Wohngemeinschaft Rotingdorf, Tiere in Gänze über offenem Feuer in einen essbaren Zustand zu überführen. Mit Freunden hatte er die Idee, zu solchen Veranstaltungen ein eigenes Bier zu brauen. Was mit einem 30-Liter-Einkochtopf begann, wurde bald professioneller (200-Liter-Edelstahlkanne!) und führte schließlich zur eigenen Brauerei.

Seit 2005 hat die Rotingdorfer Brauerei in einem umgebauten Bauernhof ihr Domizil. Mit ihren Produkten hat sie sich nicht nur im Umkreis von Werther einen vorzüglichen Ruf erworben. Gruppen ab zehn Personen können sich zu Besichtigungstouren mit Verköstigungsoptionen anmelden. Danach dürften die Besucher verstanden haben, warum Unternehmensgründer Michael Zerbst sich auf der Homepage seines Unternehmens als »Brauer, Whiskybrenner, Schinkenräucherer, Bäcker, Tabakpflanzer, Kaffeeröster, Angeber« beschreibt.

Rotingdorfer Brauerei · Rotingdorfer Str. 10 · 33824 Werther · Tel. 05203/90 21 70
www.rotingdorfer · Haltestellen Tremper, Hapkenberg, Buslinie 62 (1 km zu Fuß)

95

Auf dem Acker surfen

Einmal so richtig in ein Maiskörnerbad tauchen. Oder auf einem Acker surfen. Oder beim Fußballgolf Geschick beweisen. Bauer Bernd in Borgholzhausen sorgt für reichlich Kinderspaß – in seiner Version des Freizeitparks.

Vor den Toren Bielefelds liegt Werther. Und vor den Toren Werthers liegt Borgholzhausen. Der rund 8500 Einwohner zählende Ort hat sich einen veritablen Ruf als Lebkuchenstadt erworben. Auf dem Weihnachtsmarkt legen sich viele Bielefelder einen Jahresvorrat an Süßbackwaren zu. Familien zieht es mittlerweile auch zu anderen Jahreszeiten nach Borgholzhausen. Das liegt an Bauer Bernd.

▶ Nicht weit entfernt liegt der Landgasthof Potthoff. Er serviert westfälische Küche, etwa Sahneschnitzel oder hausgemachte Sülze. www.landgasthof-potthoff.de

Der Erlebnishof im Ortsteil Barnhausen lädt das ganze Jahr zu naturnahem Spiel und Spaß ein. Es gibt Pisten für Pedal-Gocarts und ein riesiges Maislabyrinth. Beim Fußballgolf gilt es, Reifen, Brücken oder Fässer zu bespielen. Beim Wiesengolf warten neun Löcher auf ihre Bezwinger. Schreie des Entzückens sind beim Ackersurfen programmiert: Auf einem vom Traktor gezogenen »fliegenden Teppich« ist dann richtige Balance gefragt. Bei schlechtem Wetter lässt es sich trefflich im Strohspielhaus oder im Maisbad toben.

Schulen und Kindertagesstätten zieht es nach Barnhausen, ebenso Kindergeburtstaggesellschaften. Auch für den Familienausflug ist Bauer Bernd bestens gerüstet. Zwischendurch können sich die Eltern im Bistro unter schattenspendenden Bäumen erholen. Dort genießt man die Bauer-Bernd-Spezialität gegrillten Zuckermais.

Wer mag, erfährt auch mehr über den Maisanbau, dem sich der Hof seit vielen Jahren verschrieben hat. Saisonale Lebensmittel sind im Hofladen erhältlich – auch Wollschweinprodukte, die nach eigenen Rezepten zubereitet werden. Denn Bauer Bernd ist kein Kunstname für einen Freizeitpark, sondern Landwirt mit Leib und Seele.

Bauer Bernd · tägl. 10–18.45 Uhr · Bielefelder Str. 57 · 33829 Borgholzhausen · Tel. 05245/70 47
www.bauer-bernd.com · Haltestelle Ahlemeyer, Buslinie 62

Kinderspaß in Borgholzhausen

Bei Bauer Bernd herrscht ausgelassene Stimmung.

Strandgefühle mitten im Wald

96

Amazonas vor der Haustür

»Lieber Lasse, hiermit lade ich dich herzlich zu meinem Geburtstag ein. Ich feiere am Amazonas und freue mich, wenn du kommen kannst!« Eltern, deren Kinder eine Einladung wie diese erhalten, brauchen Reisekosten nicht zu fürchten – das Amazonasbecken befindet sich am Stadtrand von Bielefeld in Oerlinghausen.

Eigentlich, so lernt man in der Schule oder im Bildungsfernsehen, ist der Amazonas ein Fluss, der im nördlichen Südamerika zu Hause ist und im fiktiven Flussquartett mit einer echten Spitzeneigenschaft auftrumpft: Er ist der wasserreichste Fluss der Erde.

Sein ostwestfälisches Pendant in Oerlinghausen kommt hingegen mit weitaus weniger Wasser aus. Dafür verbreitet der Amazonas hinter dem Naturfreundehaus Bielefeld ein kleines bisschen Tropenflair. Schulklassen, Kindergartengruppen und Kindergeburtstagsgesellschaften nutzen das Areal für kurzweiligen Zeitvertreib. Dort können sie nach Herzenslust auf Baumstämmen balancieren, Wasserstraßen bauen, den Hang hinuntertollen oder Rugby spielen (oder etwas Ähnliches).

Der Bach führt mal mehr, mal weniger Wasser. Er lädt zum ausgiebigen Herummatschen und Dämmebauen ein. Eltern und Großeltern können unterdessen am Sandhügel entspannen und die Sonnenstrahlen einfangen, die es durch die Baumwipfel schaffen.

Der Amazonas fließt mitten durch den Wald. Nicht weit entfernt gibt es noch ein steinernes Wassertretbecken, das jedoch häufig mit Laub aufgefüllt ist.

Am Naturfreundehaus starten und enden auch Rundwanderwege durch die Senne, ins Schopketal und in den Markengrund. Praktisch für Ausflüge und Feste: Das Haus mitten im Teutoburger Wald kann von Selbstversorgern, Einzelpersonen, Familien und Gruppen gemietet werden. Das Versprechen: ein paar Tage mitten in der Natur – ohne gefährliche Jaguare und bissige Kaimane.

Amazonas Oerlinghausen · Naturfreundehaus Bielefeld · Welschenweg 111 · 33813 Oerlinghausen
Tel. 05202/23 94 · www.naturfreunde-bielefeld.de · Haltestelle Kastanienkrug, Buslinie 34

97 Böckstiegels Heim

Der Maler, Bildhauer und Grafiker Peter August Böckstiegel (1889–1951) gilt als einer der bedeutendsten Künstler Westfalens aus dem 20. Jahrhunderts. Leben und Werk sind in seinem Geburtshaus in Werther zu besichtigen.

Aufmerksamen Verkehrsteilnehmern, die auf der Landstraße zwischen Bielefeld und Werther unterwegs sind, wird das rote Haus am Streckenrand aufgefallen sein. Nicht weit von der Stadtgrenze steht in Werther-Arrode ein faszinierendes Gesamtkunstwerk, ein rotes Haus, das auch als perfekte Kulisse für den schwedischen Kinderbuchklassiker »Pettersson und Findus« durchgehen kann. Gelebt hat dort aber kein wunderlicher Eremit mit sprechender Katze, sondern der Künstler Peter August Böckstiegel mit seiner Familie.

Böckstiegel erblickte am 7. April 1889 in eben jenem Gebäude das Licht der Welt. Seine Eltern, die als Kleinbauern und Leineweber ihren Lebensunterhalt verdienten, hatten das ursprünglich 1826 errichtete Haus vier Jahre zuvor erworben. Böckstiegel veränderte das Heim mehrfach, um mehr Platz für seine Kunst zu gewinnen. Sogar das Haus selbst wurde zum Kunstwerk umgestaltet – mit Farbe, Schnitzereien, Mosaiken und Glasfenstern. Nach seinem Tod 1951 blieben Frau und Kinder dort wohnen und machten den Nachlass des Künstlers der Öffentlichkeit zugänglich.

Heute sind im Haus Gemälde, Zeichnungen, Grafiken, Skulpturen und von Böckstiegel gestaltete Möbel zu sehen. Alle Werke zeigen seine Verbundenheit mit der Landschaft und den bäuerlichen Lebensverhältnissen. Bei den regelmäßigen Führungen reist man durch diese (vergangene) Welt.

Da das rote Haus jedoch zu klein für Böckstiegels Œuvre ist, wird auf dem Grundstück ein neues Museum gebaut. Dort soll dann der 1300 Werke umfassende Nachlass des Künstlers im Wechsel mit Sonderausstellungen präsentiert werden. Am 7. April 2016, dem 127. Geburtstag Peter August Böckstiegels, wurde auf dem Grundstück seines Elternhauses der erste Spatenstich gesetzt.

Peter August Böckstiegel Haus · Schloßstraße 111 · 33824 Werther (Westf.). · Tel. 05203/32 97
www.boeckstiegel-haus.de

Das Haus des Künstlers Peter August Böckstiegel ist heute ein Museum.

98

Duschfreies Musikfestival

Sommer, Sonne, Boxendröhnung – der Besuch eines Musikfestivals gehört für viele zum Sommer wie Flipflops und Anti-Mücken-Spray. Wer nicht allzu weit reisen möchte, sollte einen Besuch des Meller RINK-Festivals am zweiten August-Wochenende in Erwägung ziehen.

Ostwestfalen ist nicht reich gesegnet mit Open-Air-Events. Recht jung ist das wunderbare »Slowing Down Time«-Festival in Bielefeld, das auf dem Gelände des Biohofs Bobbert einen Tag lang entspannte Singer/Songwriter-Klänge serviert. Einige werden dem eingestellten MÖB-Festival in Werther eine Träne nachweinen. Zum Glück gibt es im Umland von Bielefeld Alternativen.

Wer sich über die Landesgrenze nach Niedersachsen traut, dem sei das RINK-Festival ans Herz gelegt: »Rock in Neuenkirchen« ist der inoffizielle Nachfolger des »Rock am Teich«-Festivals, das sich im Laufe von 18 Jahren in

Melle-Neuenkirchen mit familiärer Atmosphäre einen ausgezeichneten Ruf erspielt hat.

Entspannt und persönlich ist auch das Open-Air-Fest in Neuenkirchen, das an zwei Tagen mit Bühne und DJ-Programm unterm Sonnensegel aufwartet – und zwar (mit Rücksicht auf die Landwirtschaft) auf wechselnden Ackerflächen. Wo sonst Landmaschinen pflügen, säen und ernten, feiert sich die Popkultur in all ihren Facetten. Heavy-Metal-, Reggae-, Country-Jazz- oder Indie-Folk-Polka-Bands, viele aus der Region, geben sich das Mikrofon in die Hand.

Bis zu 500 Bands bewerben sich für einen Auftritt – entsprechend viel Arbeit hat das Orgateam beim Durchhören der Musikproben. Über ein üppiges Budget verfügen die Festival-Macher nicht, versteht sich das RINK doch als Non-Profit-Veranstaltung, dessen Erlöse an Initiativen vor Ort gehen. Umso wichtiger sind daher Einnahmen aus dem Verzehr. Die obligatorische Festivalverpflegung mit Kuchen und Bier, Bratwurst und Cocktails lässt kaum einen Wunsch offen.

Für Zeltfreunde gibt es sogar einen eigenen, wenngleich duschfreien Bereich. Wer sich unbedingt waschen will, kann das im örtlichen Freibad tun.

RINK-Festival · 49326 Melle-Neuenkirchen · Infos zur Veranstaltungsfläche: www.rink-festival.de

Musik unter freiem Himmel und Cocktails unterm Sonnensegel

Verlaufen schwer gemacht

99

Auf Hermanns Spuren

Das weiße »H« auf schwarzem Grund ist überall im Stadtgebiet zu sehen. Es weist Wanderern den Weg auf die Hermannshöhen. Bielefeld liegt erfreulicherweise mitten auf dem Weg. So lassen sich ohne großen Aufwand zwei Tagestouren angehen.

Der Wanderweg verdankt seinen Namen einem historischen Schwergewicht. Die Varusschlacht im Teutoburger Wald war ein Ereignis von solcher Tragweite, dass sogar die »Sendung mit der Maus« 16 500 Playmobil-Spielfiguren aufbaute, um zu zeigen, wie die Germanen im Jahr 9 n. Chr. unter dem Cheruskerfürsten Arminius (eingedeutscht Hermann) die Römer in die Flucht geschlagen haben könnten.

Der Hermannsweg ist so etwas wie der ostwestfälische Jakobsweg. Auch der echte Jakobsweg führt durch Bielefeld, wie Pilgermuschel-Aufkleber am Jahnplatz beweisen. An diesem Verkehrsknäuel, das sich jeder inneren Einkehr widersetzt, hat auch das Projektbüro »Hermannshöhen« seinen Sitz.

Der 157 km lange Hermannsweg von Rheine nach Horn-Bad Meinberg ist Teil des zertifizierten Qualitätswegs Hermannshöhen (»Top Trail of Germany«). Unterwegs warten allerlei historische Ortskerne, Schlösser, Klöster, Burgen, vor allem aber Bäume. Verlaufen kann man sich nicht, da das große »H« am Wegesrand nicht zu übersehen ist.

Mit Bielefeld als Ziel- und Startort lässt sich der Höhenweg etappenweise erkunden. Am Bahnhof Halle beginnt eine Tagestour über 16,2 Kilometer. Sie führt auf den Spuren der Grafen von Ravensberg vorbei an Schwedenschanze, Tierpark, Bauernhausmuseum und Hünenburg bis zur Sparrenburg. Wer es lieber kürzer mag, kann auch mit dem Bus bis Werther (Busbahnhof) fahren und dort auf den Hermannsweg einschwenken.

Die zweite Etappe über 12,6 Kilometer führt von Bielefeld nach Oerlinghausen und ist dank mäßiger Auf- und Abstiege recht familienfreundlich. Pflicht ist ein Besuch auf dem Aussichtsturm »Eiserner Anton«. Von Oerlinghausen ist eine Rückkehr nach Bielefeld mit Bus oder Bahn möglich.

Hermannshöhen · www.hermannshoehen.teutoburgerwald.de

Register

Essen und Trinken

Kunst und Kultur

Entspannung

Freizeit und Familie

Einkaufen

Überraschungen

Natur

Verantwortlich: Ulrich Jahn, Alina Gillen
Redaktion: Henning Aubel
Layout: graphitecture book & edition
Repro: LUDWIG:media
Korrektorat: Asta Machat
Umschlaggestaltung: Frank Duffek
Kartografie: Kartographie Huber, Heike Block
Herstellung: Anna Katavic
Printed in Italy by Printer Trento

★★★★★

Sind Sie mit diesem Titel zufrieden? Dann würden wir uns über Ihre Weiterempfehlung freuen.
Erzählen Sie es im Freundeskreis, berichten Sie Ihrem Buchhändler, oder bewerten Sie bei Onlinekauf.
Und wenn Sie Kritik, Korrekturen Aktualisierungen haben, freuen wir uns über Ihre Nachricht an Bruckmann Verlag, Postfach 40 02 09, D-80702 München oder per E-Mail an lektorat@verlagshaus.de.

Unser komplettes Programm finden Sie unter www.bruckmann.de

Alle Angaben dieses Werkes wurden vom Autor sorgfältig recherchiert und auf den aktuellen Stand gebracht sowie vom Verlag geprüft. Für die Richtigkeit der Angaben kann jedoch keine Haftung übernommen werden.

Bildnachweis: Alle Bilder des Innenteils stammen von Steffi Behrmann, außer: S. 9 oben: Wikimedia Commons / Drahreg 01; S. 9 unten: Museum Wäschefabrik, S. 32: Modelleisenbahnclub Bielefeld, S. 35: Trotz-Alledem-Theater, S. 40: Philipp Ottendörfer / Bielefelder Kunstverein, S. 44 oben: Bielefeld Marketing GmbH, S. 44 unten: Trotz-Alledem-Theater, S. 66 oben: mauritius images / imageBROKER / Barbara Boens, S. 66 unten: Historisches Museum, S. 69: Bielefelder Puppenspiele Dagmar Selje, S. 74: Artists Unlimited, S. 77: Filmhaus Bielefeld, S. 86: Andreas Beune, S. 89: Bauernhausmuseum, S. 90/91: wikimedia commons / G8w, S. 99 unten: Tomatissimo, S. 106: Andreas Beune, S. 123: Nina Höltkemeier, S. 132: Zweischlingen Gastro GmbH, S. 135: Andreas Beune, S. 136 oben: wikimedia commons / Andy1982, S. 140: Umweltbetrieb der Stadt Bielefeld, S. 144: Andreas Beune, S. 155: Andreas Beune, S. 162/163: Fred Schelp | Amt für Verkehr., S. 172: Osningbahn, S. 182: Denise Wind, S. 185 oben: Wikimedia Commons / Wertherchen, S. 185 unten: Wikimedia Commons / Varus 111, S. 186/187: Bernd Seyme
Umschlagvorderseite: Sparrenburg (Fotolia: Waldemar Milz), Japanischer Fächer (mauritius images / MCLA Collection / Alamy), Kirschblüten (Shutterstock: AVprophoto)

Die Deutsche Nationalbibliothek verzeichnet diese Publikation in der Deutschen Nationalbibliografie; detaillierte bibliografische Daten sind im Internet über http://dnb.d-nb.de abrufbar.

ISBN 978-3-7343-0681-5